현대문학사조 제3동인지

20人의 詩·수필 선집

도서출판 채운재

20人의 詩 · 수필 선집

초판 1쇄 2014년 2월 10일
초판 발행 2014년 2월 14일

지은이 박재근 외 19명
펴낸이 양상구
웹디자인 김태완
펴낸곳 도서출판 **채운재**
주소 100-861 서울시 중구 충무로2가 49-8
(서울빌딩 202호)
전화 02-704-3301
팩스 02-2268-3910
손전화 010-5466-3911
이메일 ysg8527@naver.com
정가 10,000원

머릿말

현대문학사조 문사님 올해도 함께 해주시니 감사합니다.

현대문학사조 계간지 시작한 지가 2009년 9월이었습니다.

이번 2014년은 저에게 특별한 해입니다.

계간지는 5년이 돼야 한국문인협회에서 인정하는 제도가 있어 구제가 많이 있었습니다.

얼마 남지 않아 당당히 소리 낼 수 있습니다.

이번 제 3집 20인의 시. 수필 선집 동인지 옥고 주셔서 갑오년의 문을 열어 글을 좋아하는 분에게 우리의 마음을 전할 수 있으니 행복합니다.

여러분 문인의 순수한 감성으로 더 좋은 작품을 쓰시길 간절히 소망합니다.

2014년 2월 10일

현대문학사조 발행인 양상구 올림

차례

박재근 시인

석용호 시인

신명순 시인

신삿갓 시인

양일진 시인

전무웅 시인

전성권 수필가

정창희 시인

조태연 시인

양상구 시인

강민호

2012년 6월 현대문학사조 시부분 등단
2012년 9월 대한문학 시부분 등단
2012년 12월 현대문학사조 동인지 하루를 열며 공저
2013년 10월 대한문학 대표연간선집 공저
2014년 2월 서울디지털 사회복지학과 졸업

억압

기억 내지
못할 만큼
깊은 기억 속에
묻혀두려고 한다.

강치사냥
하는 것처럼
사람들을
죽기는 일

밀렵꾼 같은
군인들 위해
어린 여자애들을
노리개로 보내는 일

사람들을
나무처럼
자르고 붙이고
했던 일

모든 일이
기억나면 영원히
벗어날 수 없는
연좌 죄 쓸까
기억을 억압한다.

일본 교과서

위조된
문서를 교과서에
싣고 있다.

밀렵꾼과
짜고 만들었던
강치사냥 허가서로
자식들을 교육하려고 한다.

우리처럼
기록과 지도가 없는
그들은 불법문서를
유언장같이
교과서에 남긴다.

마음을 닦겠습니다.

다른 사람들의
모습으로
얼룩진 마음을
닦겠습니다.

요술 거울처럼
질투와 분노를
일으키는 모습들이
가득한 마음 먼저
닦겠습니다.

그런 모습들
뒤에 내 모습과 같은
모습이 있었다는 것을
비추는 거울 같은
마음으로 닦겠습니다.

잠시 보지 못했던
꿈들이 흐르면서
뛰는 내 심장을
확인할 수 있는
마음이 되게
깨끗이 닦겠습니다.

시장 같다

헛소문을
만들어 내는
시장 같다.

지나가는
사람들의 흘린
다른 이야기들은
조합해서
헛소문을 만든다.

이야기를 전달하는
사람들만 있는
헛소문으로
회의도 못 하는
사람들.

폭로하는데
바빠서 일도
안 하는 사람들.

무노동
무 임금 원칙이
동하지 하는
무궁화 벤치를 달
사람들.

뿌리는 것처럼

씨 뿌리는
것처럼
말을 하자.

열매를
맺힐 수 있는
씨만 골라내서
뿌리는 것처럼
말을 하자.

씨 가꾸는
것처럼
말을 하자.

씨 속에
열매들이 텅 빈
밭을 가득 채울 때까지
가꾸는 것처럼
말을 하자.

주렁주렁
열매들이 달린
나무들로 가득한
밭에서 수확하는
삶을 사는 기쁨을 갖자.

초이(超耳) 김문경

경북 영주 출생
고려대학교 유교경전 연구위원 8년차
사단법인 한국문인협회 회원
월간한맥문학 현 동인회 이사 / 세계모던포엠 작가회 회원
백수문학 동인회 회원 / 현대문학사조 부회장
서울 성북구 장위동 방위협의회 위원
서울 성북구청 건강증진 협의회 위원

공저 : 광화문을 지키는 시인들 / 풍경 꽃비에 울다 / 바람꽃
수평적 번짐의 상상력 / 한맥문학 동인지 외 다수
시집 : 났다 떴다 맹물 출간

서울 성북구 주부 백일장 시 부문 수상
백수문학 등단 신인상 / 한맥문학 등단 신인상
2008년 9월 한맥문학 이달의 시인 선정
2009년 2월 세계모던포엠 이달의 작가 선정
2009년 10월 한맥문학 이달의 시인 선정
2010년 3월 한맥문학 이달의 시인 선정
2010년 9월 세계모던포엠 이달의 작가 선정
2010년 11월 세계모던포엠 포커스 선정
2010년 12월 세계모던포엠 문학상 시 부문 은상수상
2012년 5월 건국일보 평화문학상 시 부문 대상수상
2013년 8월 특집 세계모던포엠 포커스 선정
2013년 8월 부천오늘신문 자랑스러운 대한민국 문화예술 시 부문 대상수상

종소리

甲午年
붉은 태양 우뚝 솟아
온 누리 찬란하게 비춘다
쭉쭉 뻗어 늠름한 자태
꿈을 안은 청마도 함께 달린다

설레는 마음
한 뼘 가슴속에 백두산만한 심장이 고동친다
비전을 담아 울리는 종소리
장엄하게 울려라 서라벌 널리 퍼져
영혼을 태운 에밀레 처럼

現代文學思潮
고개마다 뜸 들여
영광으로 흘린 땀
어둠을 태워 빛으로 퍼져라
영광의 울림으로.

억새

바위보다 무거운
그림자 하나
흔들고 흔들면서
몸부림쳐 우는
억새

깃털만 갈고 갈면서
늙어가도
한 번도 푸른 하늘
하늘을 날아오르지 못한 새

영혼의 불이 붙어
일어나고 일어나는
바람
바람의 바람기 흔들고 가면
저녁노을 빛 피 울음 울고 있는 새

흰머리 풀고 풀어도
꿈을 풀지 못한
서러움 때문에
억억 소리죽여 울음 우는 새
억새

흑산도 바람

하늘도 씻고 가고
영혼도 씻고 가는
흑산도 홍도리 바람

아기자기 켜켜이
시루떡 바위
절벽 사이사이 솟은 소나무

솔바람 받아
푸르디 푸른
물결 출렁일 때

돌도 붉어져서 홍도
물빛도 푸르락 검을락 흑산도
바람 빛깔 따라 설레는 머리칼

뿌리 깊은 고향

태어난 땅
반짝이던 별빛 받아
超耳가 태어난 곳
그 이름
영주 고현리

풀벌레 소리
바람을 놀리는 언덕
바람의 언덕에 앉아
은하수 물결 흘러 흘러
북두칠성 별을 세던 밤

달도 흥에 겨워
밝은 빛 맑은 별
박꽃을 적셔
넋을 낚아가던
달밤이 그리워

피고지고 지나간 계절
바람 속에서도
속 가슴 저 아래로 깊이 뿌리내리는 이름
내 고향 영주 고현리
그 꿈의 인큐베이터

경북 영주군 영주읍 고현리 : 현제 영주시 고현동으로 지명 변경

탱글탱글 몸매

나뭇가지 끌어안은 매미들
그늘보다 시원한 노래들
저마다 야한 소리 화음 맞추며
소프라노 고음 청하하다

솔 향기 그윽한 계곡의 숲
초록색 치맛자락 가지마다 꽃잎 물고
싸리 꽃 밤꽃향기
주렁주렁 찔레 열매 새들의 잔치

셔틀콕 제트기로 살아나는
코트장의 풍경
단식 복식 게임으로 이어지고
라인마다 활기 넘치는 승부의 절정

환희의 아우성 비워도 넘치는
송천 배드민턴 클럽
하늬바람 선물로
흙냄새 땀 냄새 탱글탱글 몸매 만든다

결풍 김형풍

1936년 12 월 22일(음) 子時
충남 아산시 온양온천에서 출생
1958년 서울문리사대 국어과 졸
1983년 고려대학교 경영대학원 최고경영자과정 17 기 회장으로 수료
1957년 신협극단 데뷰 - 유치진 선생 작 이해랑 연출
〈한강은 흐른다〉 데뷰작으로 명동 시공관에서 공연
1961 ~ 대구시청 총무과 문서통제관
1967 ~ (주)하이파이사 광고 담당
1979 ~ (주)한국콘도 창업 멤버(전무이사)
1989 ~ (주)한국유로텔 대표이사
1992 ~ (주)진흔전자(쟈타) 부회장
1998 ~ (주)백두산들쭉술 회장

現代文學思潮 - 등단
한국수필문학 진흥회 에세이문학 정회원
(詩와글)텃밭문학회 고문

내 맘속에 또 다른 나

세상 끝날 때까지 함께 할 그는
사사건건 내게 시비를 겁니다.

절대로 남의 흉을 보지 말라
내 잘못을 남의 탓으로 돌리지 말고
모든 것을 내 탓으로 돌려라.

잘 알지도 못하면서 아는 척 나서지 말고
쥐뿔도 없으면서 있는 척하지도 말라고
계속 잔소리를 합니다.

오늘도 나는
거울 안에 또 다른 나를 보면서
자문자답을 해 봅니다.

내 맘 속에 자리 잡고 있는
또 다른 나는 동거인의 자격으로
쉴새 없이 간섭하고 있습니다.

그가 간섭하는 모든 것들은
나를 올바르게 성장할 수 있도록
바로 잡아 주는
또 다른 나이기도 합니다.

아내를 위한 안마

1971년 어느 여름날
펌프로 우물을 퍼올리다가
아내는 허리를 삐끗했습니다.

3개월이 넘도록 입원해 있었고
병원 원장이 말하기를 부부생활은
절대로 안 된다는 기막힌 선고를 받았습니다.

어느새 나는
아내를 위한
침술사가 되어 있었고
안마사가 되어 있었습니다.

목에서 양어깨, 양팔
허리에서 다리 끝까지 주물러 주기도 하고
목에서 등어리,허리까지
부황도 떠 주기도 했습니다.

하느님께 매달려 기도드리며
경직된 구석구석을
정성껏 주물러 주기도 합니다.

아내는 시원하다면서 잠이 들고,
어떤 때는 나도 졸면서 안마를 합니다.

내 힘이 남아 있는 한 아내를 위한 안마는
계속될 것입니다

아내의 지혜로운 알뜰 장보기

조간신문에 끼어 온 광고지를 보고
꼼꼼히 체크를 하는 아내가 할인 판매 하는
품목을 쪽지에 메모합니다.

몇십 원을 아끼기 위해
알뜰한 장보기 계획을 세우는 아내가
안쓰러워 보이기까지 합니다.

무거운 것을 잘 못 드는 아내의 요청으로
아내를 따라 의정부에서 창동 농협
하나로마트까지 따라갔습니다.

이미,
메모 한 쪽지를 손에 들고
품목별 진열장을 찾아다니며
우물쭈물 낭비되는 시간 없이
메모대로 하나하나를 골라 내는
아내의 지혜로운 장보기 식입니다.

훌륭한 일꾼을 모시고 온 덕분에
거뜬히 해냈다고,
내게 고마워하는 아내에게
기분 좋게 다가가
"수고 많이 했어요,"하고
어깨를 주물러 주었습니다.

유혹

유혹을 뿌리치지 못하고
에덴동산 가운데 있는 열매를 따 먹은 죄로
부끄러움을 알게 되어 가운데를 가리게 되었다는
사실을 배워서 익히 알고 있다.

순간의 실수로 유혹에 빠질 때는 황홀하게
좋아 보이지만 유혹은 아편과 같아서
쾌락과 흥분의 도가니로 빠져들게 하고
그 끝에는 늘 후회와 고통이 따른다

비가 억수같이 쏟아지던 날밤

우리가 마지막이 되던 그 날 밤도
지금처럼 억수같이 비가 쏟아졌었지,

지금,
천둥이 무섭게
하늘과 땅 사이를 흔들어 놓고
번개가 우지직 번쩍 어둠을 갈라놓는다.

캄캄한 어둠을 뚫고 세차게 비가 쏟아지고 있다
우리가 마지막이 되었던 그 날 밤처럼,

이 밤 어둠을 타고 쏟아지는 빗속을 뚫고
고운 흔적을 따라 달려가고 싶은 마음이다.

草岩 나상국

1964년 충북 괴산 출생
현대시선 신인작품상으로 등단
현대시선 정회원
청시 문학회 회원
발표시 고장난 벽시계외 다수

철새

시베리아 벌판의 철새들
멀리서
가을 단풍 떨어지는 소리 들었을까?
첫눈 온다는 뉴스를 보았을까?
용케도 알고 날아드네
눈 내리는 철책선 넘어와
흰 눈 내리는 겨울로의 여행

이 땅의 철새들
지금은 무얼 하나
아직은 때가 아니라서
몸 사리고 있을까?
곧 돌아올 계절이면
철 따라 바람따라
또 손에 손잡고
바쁜 행보를 보이겠지
어느 당이든 어느 땅이든
날아들면 다 내 땅이요
내 나라지
하지만 모두 다
고운 시선을 보내진 않지

겨울 철새들에게는
이념도 국경도 없고
자유와 본능으로
삶의 터전을 떠돌지만
이 땅의 철새들은
기회주의와 멈출 수 없는 욕심으로
때가 되면 날아들 가지
오죽하면 철새 의원이라 할까.

내 유년의 바다

억 겁의 세월을 거슬러 찾아간
내 유년이 그리워하던 바다
갈매기 자유로이 날아다니고
뱃고동 소리 등대 너머 멀리
물결을 가르면
배 떠나간 방파제 높이
볼멘소리로 철썩철썩
삿대질하는 파도의 노여움
비릿한 갯내음
펄 속을 빠져나온
갈지자의 게걸음에 묻히고
물보라 속으로 가라앉는 저녁노을
등댓불 밝혀
내 유년을 스케치한
바다를 조망하네

겨울나무야

三 冬의 엄동설한
딸기처럼 빨개진 코
발도 시리고
주머니 깊숙이 찔러 넣은
손 마디마디 뼛속까지
머릿속 생각마저도 얼얼하여
생각조차 못 하는데

청개구리 심보를 닮았나
산 위로 가라 하면 냇가로 가고
냇가로 가라 하면 산 위로 가고

남들은 다 벗을 때
겹겹이 껴입더니만
이제는 뼛속까지 파고들어 오는 칼바람
실오라기 하나 걸치지 않고
홀라당 발가벗고
쇼윈도우의 마네킹처럼
무표정한 얼굴
이열치열의 겨울나기
벌써 여름을 그리며
묵언 수행 중인가?

첫눈

그대 오시렵니까
하마 그대 오시렵니까?
만삭의 달빛 기운 밤
떠나지 못한 미련 한 움큼
창밖에 무서리로 저렇게 내렸는데

진정 그대 오시렵니까
먼 먼 날에 그대 그리워
숨어 울던 밤도
까마득히 멀어져간 지금

그대 오시렵니까
그해 그 겨울
언 강 녹이며
강둑 아래 발돋움하는 초록
그때 차마
쉽게 그대를 보낼 수 없었던
그날들이
내겐 행복이었나 봅니다

그대 오시려거든
깊이 잠든 밤
세상 아무도 모르게
와 주세요.

과메기

엄동설한
그는 포항에서 왔다고 했다
그의 고향은 포항 구룡포 어디쯤?
아니 정확하게 알지는 못한다
아시아 아니면 북극해 연안이었을지도
모른다고 했던가

하지만 그의 몸에서 나던
깊은 바닷속 유영하던 짜고 비릿한 냄새
유망 혹은 선망에 걸려 노래진 하늘 향해
애원도 하고 원망도 하다
등 푸른 은빛 비늘로 반짝였을 아슴한
그날을 기억이나 할까?

거친 파도에 얻어맞고
태풍에 갈기갈기 찢겨 사는
어촌의 뱃사람들
공깃돌 다르듯 갖고 놀던
열두 치마폭의 작부는
어느 해부터인가 다 떠나고
낡은 폐목선 바람에 쓰러질 듯 출렁이는
황량한 부둣가
늙은 주모의 주름살만큼이나 손길이 분주한
어느 선술집

낡은 탁자에 낮게 엎드린
걸쭉한 탁배기 한 사발
의욕 잃고 무심하게 허공을 헤매는
게슴츠레 술 취한 눈빛
혀 꼬부라진 육두문자에 뒤섞여
집 나간 계집을
세월을 탓하네

배 갈라 햇빛에 해풍에
사지마저도 길게 늘어뜨리고
하얀 분칠을 한 살갗을 쭉쭉 찢어서 껌 씹듯 씹던 오징어
코 꿰어 노릇노릇 구워진 몸통의 열기를 뼈 마디마디 툭툭
분질러
어금니 깊숙이 밀어 넣으며
어금니 힘주어 맡던 노릿한 바닷냄새
그 메마른 냄새마저도 싫증나

한겨울 배 째고
병 주고 약 주듯 얼었다 녹았다
때아닌 유격훈련을
죽어서도 혹사당해
오글오글 말라 비틀어진 채
몸속 깊숙이 고이 간직해 오던
질 좋은 고단백질의 상념들
반질반질하게 다 내어주고

접시 위에 나란히 누워
오가는 사람들의 쑥덕쑥덕 수군거림
삼 동의 안주가 되어서
긴 겨울을 추억한다
그의 짠 비린내 나는 몸을.

藝香 도지현

경상북도 성주군 성주읍 출생
성주 여자 고등학교 졸업
숙명여자 대학교 중퇴
1967년 가야문화제 백일장 장원 시인 등단
2012년 대한 문인 협화 시 부문 등단
현제 대한 문인협회 정회원
파라문예 동인지 8호, 9호, 발표
대한 문협 시화전 초대 시인

제한 속도

인생의 속도는
어디까지가 제한 속도일까

복잡한 차도로 나갔다
사방에서 차들이 몰려 오니
정신없이 피해가야 하고
자의가 아닌 타의에서
밀려갔다 밀려옵니다.

"제한 속도 80km입니다"

뻥 뚫린 고속도로의 코멘트다.
나는 그렇게 가기 싫은데
더 천천히 가고 싶은데
서서히 유유자적하게
사위를 둘러보며 유람하고 싶은데
그렇게 할 수 없는 것이
우리의 인생길이었던가.

이제 나는 시속 몇km로 가야 하나

겨울이 준 선물

잊어야 할까 보다
지나간
모든 추억 잊어버려야 할까 보다.
울창하던 숲길도
하늘거리며 피어 있던 야생화 길도
이제는 다 잊어버리고
다시 시작하고 싶다.

새하얀 도화지에
새로운 밑그림을 그리고
한 땀 한 땀 수를 놓듯 정성을 들여
멋진 청사진을 그려서
새롭게 설계한 집을 짓고 싶다.
이 겨울이란 계절이 아니면
할 수 없는
아름다운 미래를 설계하고 싶다.

고독이 밀려오는 연말

철저히 혼자라는 소외감 속에
더 이상 상실할 것도
잘라 내야 할 것도 없지만
살아간다는 것이 숨찬 나날들

밀려왔다 밀려가는 군중 속에서
목말라 외쳐봐도
아무도 들어주는 이 없으니
타는 갈증 어떻게 풀어야 할까요.

세월의 교차점에 나 홀로
냉기 흐르는
방바닥만 긁으며
삭정이처럼 외로움만 씹습니다.

문틈으로 들리는
수많은 발걸음 소리도
이제는 잦아진 시각
뜻 모를 서러움에 눈물이 흐릅니다.

메밀꽃, 그 처연한 아픔

무엇이 그리도 아파 눈물이 되었니
그 많은 눈물이
마르고 말라
그리 많은 소금을 만들어 놓았니.

풀어 놓은 소금은 꽃이 되어 피어나
처연토록
아름다운 모습이 되고
서려 있는 그림자에 아픔이 보인다.

무엇이 그리도 너를 아프게 했니
이제는
그 아픔일랑 거두어들이고
온전히 밝은 세상 우리 같이 살아가자.

아픔은 아픔인 채로 가슴에서 내려놓고
눈물이 꽃이 된
처연토록 아름다운
너의 고운 모습 밝은 세상에 보여주자

미망迷妄 속에서

허기진 가슴 속에 무언가 들어 있다
아직 열어보지 못한
판도라의 상자
그 속에서
파란 연기가 피어났다 사라진다.

현실과 이상의 혼돈 속에서
막연한 환상을 그리며
잡을 수 없는
허상을 움켜쥐려
나는 오늘도 올 수 없는 길을 간다.

기진한 심신에 보이는 것은 허상뿐
안타까운 현실에
발버둥 처 보지만
내 안엔
온갖 미물로 가득해 고물 거린다.

내 속의 나에게 타 일러 본다
가슴 속에 가득한 허상
한 겹씩 벗어 버리고
새로운 생명
새로운 희망을 잉태하자고…

박재근

울산 출생
현대문학사조 등단
현대문학사조 문학회 회장
건설회사 대표

콕 박힌 사랑

떼어내려면
시시콜콜 따지고 들어
치밀한 작전이 필요하다

이별서 써 놓고 두들겨 패거나
흠집을 까발려야 하는데
증거 없이는 불가능하다

어쩌다
이 지경이 된 것인지
지독한 인연이다

늙고 병들어 힘 부치면
이도 못할 것인데
이미 버겁다

그놈의 정 때문이다.

초봄의 순정

개나리 흐드러지게 피어
노란 부리 햇볕을 쪼아 먹고
언 발 녹여 흘려보낸 산골 겨울이
징검다리 건너가면
남녘 바람은 버들가지에 매달려
느긋하게 그네를 타는 기슭.

촉촉이 풀빛에 젖는 대지
하늘로 날아오르는 연둣빛 꿈
물 기슭 안개 애틋함 속에
누군가 기다리는 은밀함인가
천 갈래 향기로 울렁거리는
화사한 그리움이여.

봄은 오는데

아직도
감당키 어려운 언 땅의 아픔을 지고
어디로 가야 할지 망설이는
가난한 자의 서러움이 있다

배려와 용서 화해가 실종된 이 땅에
누가 위정자이고 무엇이 종북인가?
하루살이 같은 오늘을 부여잡고
이제나저제나 눈물 짓는 자 있다

준마처럼 광야를 달리고
사랑하며 살고 싶음이 요원한 꿈인가
반세기 전 피로 물든 산하에
꽃 피워 새소리 듣기가 이리 멀기만

봄이여
닫힌 어둠에서 촛불을 켜 들고
더는 갈 수 없는 벼랑 끝 우리에게
저, 초원의 언덕으로 비상할 수 있는
당신의 날개를 주소서.

일탈

수만 개의 돌을 지고 올라
침묵의 탑을 쌓는다.

텔레비전에서 뛰쳐나와
귀를 씻었다.

하늘을 밟고 아래를 보니
우글우글 눈 감아야 할 것들

땅을 뒤엎어
와르르 쏟아버리고 싶은
오후

사랑의 교감

혈압과 당뇨의 수치가
정상의 배도 넘는 터라
걸핏하면 병원에 와 있다는 전화
스스로 조절이 버겁다고 여겨지면
덜컥 겁이 나리라.

새벽잠이 없어진 나는
이젠 습관이 되어 아내의 방문을 열고
이마와 가슴에 손을 얹어 보게 되는데
언제부터인가 알고 있다는 듯
때로는 문 여는 소리 때문인지
고맙게도 가끔은 미동의 신호를 보내준다.

그럴 때마다
당신 잘 먹는 반찬은 냉장고 왼쪽에 항시 있다는
그 말에 울컥한다.

살아있어도
죽음만도 못한 삶을 살다간
내 어머니가 떠오르면
날마다 억울하여 울고 다녔던
막내 누이의 눈물
그날 같은 일이 일어나지 않을까
상상해 보는 날이 많아졌다.

石花 석용호

출생지: 충북 제천시
한국도로공사 30년근속
월간모던포엠 신인상.등단(2009.11)
첫시집: 꽃잎 허공에 파문을 빗다(2010.01)
제2집: 석정원 마음에 그림 그리며(2012.01)
한국문인협회 회원
현대문학사조 회원
현대문학사조 작가상 대상수상(2013년)

情은 어디에

기린 목처럼
쭉 빼고도 찾아보았고

타조같이
빠르게 달려가 찾기도

도요새처럼
높이 올라 찾아도 보았고

백사장에서 반지라도 찾듯
혼신을 불태워도 보았고

눈을 떠 잠드는 시간까지
꿈속에서도 온몸을 감싸고 맴돌며

잠시도 멈추지 않고 머리에서 발끝까지
고통의 채찍으로 담금질시키는
情은 어디에 있는 것일까

떠도는 삶

여기 앉아서 놀다 갈까
아니지 저기가 더 좋은데
옮겨보면 저쪽이 더 좋아 보이고
그곳 서보면 저편이 더 좋아 보이고

좋은 자리 찾아 떠돌다 보면
지구가 자전하듯 돌고 돌아
제 자리로 돌아오게 되고
나무도 처음 심었던 자리에서

옮기기를 거듭하다 보면
뿌리도 못 내린 채 피어나지도 못하며
이 마을 저 마을 떠돌다 보면
추억 하나 없는 이방인 되어
초겨울 같은 쓸쓸함이 찾아들고

동가숙 서가식의
떠도는 삶보다는
한곳에 정붙이고
살도록 잡아주는

배려의 손길을 먼저 내밀어 줄 수 있는
포용의 마음이 눈처럼 내리기를…

갈대

세월의 비바람을
혼자서 맞이한 것처럼
머리카락은 하얗게
바람에 휘날리고

꼿꼿하던 허리는
활처럼 휘어지고
파란 옷은 오간데 없이
누런 옷으로 갈아입고

가을바람이 불어올 때마다
세파에 시달린 노구처럼
이리 흔들 저리 흔들

바람 불 때마다
토해놓는 갈잎의 소리는
비파의 선율 되어 폐부를 찌릅니다

종점

누가 뒤따라 오는 것도 아닌데
정신없이 달음질치며 달려온 시간
경주마처럼 질주하다 보니
어느새 골인 지점에 도달

최면술에 깨어보니
삼백예순날이 도망치듯 사라졌고
무슨 힘으로 잡아둘 건가
무슨 재주로 되돌릴 수 있을까

새벽인가 싶었는데
어느새 밤은 찾아왔고
새 아침 동트는가 했는데
제야의 종소리는 울리고

한해의 아침 시작을
저녁 같은 한해의 종점으로
그래도 내일이라는 희망 있기에

내려놓기

태어나서부터
오직 짐만지고
살아온 삶의 짐을
언제까지 지고 가려는지
어디까지 지고 가려는지

부여잡고 있으려니
등짐지고 있으려니
허리가 휘어지는 줄도 모르고
다리가 휘청되는 것도 잊고서

욕심은 끝은 보이지 않고
욕망의 끝은 어디쯤일까

무엇이 그리도
부족해 보이고
작아만 보이는 것일까

삶에 짐은
내려놓으면 좋으련만
언제 내려 놓으려는지

매화 신명순

1964년 서울 태생
현대문학사조 시 등단
진달래 문학 회원
움터 동인지 회원
현 과수농사 재배

가슴에 사무치는 그리움

새하얀 달빛 넘어
비추이는 그리움이 있습니다

눈을 감으면 떠오르는
추억들 친구들을 그려 봅니다

만날 날을 기약할 수 없기에
가슴에 새기며

이름도 모르고 사는 곳은 몰라도
자꾸만 떠오르게 됩니다

언제일까 기대하는 그리움
만남을 기다리는 설레임

희망을 꿈꿀 수 있어
행복한 미소를 띠어 봅니다.

기다림은 희망이어서 좋다

숫처녀의 마음을 달래는
봄 내음의 향기를 맡아본다

아침을 기다리는 새벽 상인들의
분주함 속에 희망을 품는 열기가
뜨거워진다

분주한 번화가 속에 내일이 꿈틀거린다
그의 나라가 언제 일지는 모르지만
새롭게 도전하는 미래의 다짐 속에
희망을 품어 본다

기다림도 희망이어서 좋다
진리를 밝혀주는 찬란한 광채를
받으며 오늘도 기다림을 꿈꾸어 본다

기다리는 것도 희망인 것을..

하늘이 좋아

하늘은 요술쟁이
잿빛 구름으로 덮였다가도
눈 부신 햇살이 비추이면
바람을 타고 어디론가 사라진다

하늘은 요술쟁이
금세 새하얀 색깔로 변해 버린다
구름도 제각기 여러 모양으로
인사를 한다

하트 모양일 때도 있고
토끼 모양일 때도 있고
솜사탕처럼 부드러운 모양일 때도 있다

하늘은 요술쟁이
저녁놀이 질 때면 환상의 빛으로
내 마음을 사로잡는다

나는 속삭인다
시퍼런 하늘이 좋아
새파란 하늘이 좋아
희멀건 하늘이 좋아
황금빛 하늘이 좋아
좋아~좋아~ 좋아~

멀어지면 어쩔까

가까운 연인끼리
사랑을 나누다

빛바랜 낙엽이 되어
사이가 멀어지면
어떨까

친숙하게 다가와
정을 나누다 갑자기
떠나 버리면 어떨까

보냄도
떠나 버림도
아련한 미련으로
남아 버린다면..

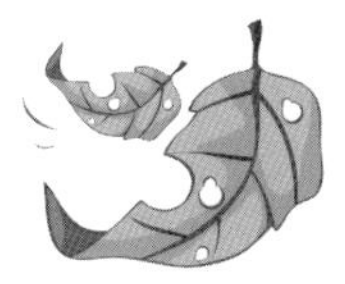

복숭아 꽃

포도밭 사이로 복숭아 꽃 피었어요
한 폭의 수채와 주변을 밝혀 주니
호랑나비 찾아와 흔적을 남겼어요

분홍 옷 갈아입고 새악시 춤추어요
산 바람 넘실넘실 볼에다 입 맞추니
행여나 남이 볼까 조용히 미소 져요

나그네길을 가다 그 자태에 반했어요
탐스런 복숭아 꽃 흠모하는 마음에
넋을 잃고 우러러 황홀 속에 빠졌어요.

신삿갓

본명 : 신칠성 (필명.신삿갓)
생년월일 : 1953년 11월 22일
문학광장 시' 부문 등단
현대 문학 사조 회원
여시골 문학　회원
문학광장　회원

어머니 나무

달빛이 창가에 내려오면
보고 싶은 당신에게 편지를 씁니다
새벽달을 친구 삼아
저녁별이 뜰 때까지
허리가 휘어지도록
힘든 일도 마다하지 않고 밤이면
고단해서 끙끙 앓던 숨소리
별빛 따라서 지금도 들려 옵니다
당신께 쓰는 편지 부칠 순 없지만
주소 없는 편지 속에는
당신의 모습이 있고
뼈와 살이 있고 피가 흐르고 있지요
당신은 큰 나무에 뿌리였고
나는 조그만 나뭇가지였지요
깊은 뿌리에서 보내주는
영양분으로 튼튼한 나무로 자랐지요
땅속 깊이 내린 나무의 뿌리는
눈이 오나 비가 오나 항상
나에게 버팀목이 되었답니다

해운대 동백섬

하늘과 바다가 만나는 곳
해운대 수평선 끝자락에
저녁노을 붉게 타오르고
등댓불 바다 위에
살포시 내려앉으면
짝 이른 갈매기 끼룩끼룩
임을 찾아 노래하네
희로애락 가득 싣고
동백섬 휘감아 돌아오는 유람선
뱃고동 소리 부~우~웅
화음으로 울려 퍼져
하늘을 가르면
여객선 닻을 내리고
해운대 저녁 바다는
날갯짓을 멈추고
깊은 잠에 빠져든다
여명[黎明]이 올 때까지 ..

호수에 뜨는 달

임 그리운 외로운 밤에
잠 못 이뤄 창문 열고
밤하늘 둥근 달을 바라보네
우리임 사랑하는 이내 마음
촘촘히 엮어서
방문 앞에 걸어놓고
내 마음 달빛에 실려
임에게로 달려가네
사랑이 떠나간 밤
풀 벌레 잠이 들면
별이 잠든 호숫가에
내려앉은 달님은
내 임의 얼굴을 비치고
내 마음은 달빛 서린
풀숲을 헤집고
임에게로 가고 있네

그대 향기 어쩌면 좋아

외로움이 밀려오면
그대가 자꾸만 생각이 난다
숨겨놓은 그대를 찾아
허락도 없이 하얀 입술에
연달아 키스를 한다
피어나는 그대의 향기
가녀린 몸 불태우면
숨쉬기조차 힘들다
그대의 새하얀 몸 두려움 없이
한 손에 움켜쥐고
그대 향기 하늘로 날려 보낸다
그대의 유혹 뿌리치지 못하고
후회하면서 또 빠져든다
그대여 제발 가까이 오지 마라
우리의 사랑이 끝나갈 무렵
그대를 냉정히 뿌리칠 수밖에 없는
내 심정 그대는 알고 있으려나 ..

윗글내용 (그대는 = 담배입니다)
그대를 담배로 바꿔서 읽으세요

지는 꽃은 내 맘을 모르네

춘삼월 개나리 진달래꽃 피면
오신다고 약속해 놓고
훌쩍 떠나간 임이시여
개나리 진달래꽃 다 떨어지고
산 마루에 단풍나무
무지갯빛 수를 놓았건만
내 임은 오지 않으니
피고 지는 꽃은 내 맘을 모르네
단풍잎 곱게 물든 길 따라
행여나 내 임이 오실까
설레는 마음으로
오색단장하고 임 마중 나가네
하루해가 다 저물어 가건만
내 임은 언제쯤 오시려는지
서산에 지는 해가 원망스럽네
산 그림자 내리고 별들이
소곤대는 어두운 밤이 오면은
임 보고 싶어 외로운 밤을
나 혼자서 어이 할 거나
이불 속에 감춰 두었든
원앙 베개 감싸 안고서
이리 뒤척 저리 뒤척이다가
뜬 눈으로 긴 밤을 지새우네

양일진

부산출생
부경대학교 졸업
현대문학사조 詩부문 등단
현대문학사조 정회원
영남문인회 정회원
제4회 현대문학사조 문학상 우수상
공저 : 20人의 詩 · 수필 선집
시나브로
현재 (주)동원식품 근무

낙엽 생각

모두 떠났다.
더 이상의 이별은 없다.

거뭇거뭇 드러난 검버섯
앙상하게 기름기 빠진 몸

찬바람 불어올 때
이미 예견했었다.

햇살이 따사롭게 비추었던
며칠간의 달콤했던 여유

오늘 마른 바람을 맞으며
화려한 이별을 고하고 있다.

먹물 먹은 솜처럼 두꺼운 구름이
저 먼 산, 한 발 내려뜨리고 있다.

이별을 아쉬워하는 무리가
스치는 바람에 몰려다니며
사그락사그락 아쉬움을 토해내고 있다.

이별을 잊어버린 자는
자연과 한 몸 되어 또 다른 만남을 준비하고

추억에 젖은 자는 빨강, 노랑 추억을 토해내며
마지막 생명의 온기를 발산한다.

가시

당신이 씹어뱉은 말 한마디가
가시가 되어 목에 걸렸습니다.
넘어가지도 넘어오지도 않고
그냥 그 자리에 머문 채
찌릿찌릿 아픔만 전해줍니다.
세게 한번 고함치면 넘어올까
크게 한번 웃어보면 넘어갈까
하지만 그 위치가 안성맞춤인지
아무런 미동조차 없습니다
이러하지도 저러하지도 못하고
울상만 짓고 울지도 못한 채 웃고 있지요.

껍질

지난밤
내가 알지 못하는 사이
폭풍우가 지나갔나 보다.

촉촉한 대지,
흩날린 낙엽,
부러진 나뭇가지들

동일한 시공時空 숨 쉬면서도
유리 한 장 저편 너머의
이질감은 놀랍기만 하다.

떨어진 잎사귀를 주워
어젯밤 치열한 생명 투혼을
내음으로 맡아보지만

보이는 실체 이외의
아득한 과거를
어찌 접할 수 있겠는가

아무 곳에나 던져버린 희망,
이곳저곳 바닥에 내동댕이친 사랑,
발에 거치적거리는 미련,

껄끄러운 껍질을 깨고
나만의 실체,
영혼과 만나보려 하지만

싸늘하게 막아선 벽을 허물지 못하고
빈 껍질만 만지작거리다
오늘도 저물어간다

이젠,
긴 잠에서 깨어 상상의 껍질을 깨고
진정한 나를 만나야겠다.

세월 무상

지나버린 시간은 늘 아름답다던
너의 재잘거리는 입술을 지켜보며
바람 부는 봄날 흩날리는 꽃잎을 생각한다.

사랑이 식었다고 투정부리는
너의 눈가에 맺힌 이슬을 바라보며
철 지난 여름 폭풍우 만나기 전 바닷가의 고요를 생각한다.

사랑의 세월은 빛과 같이 흐른다더니
이별선언을 귓등으로 듣는 등진 너를 보며
가로街路를 온통 노랗게 물들인 은행잎을 생각한다

사랑이 간 빈자리에 미움이 채워져 갈 때
사랑과 미움의 기억들을 뇌리에서 정리하는 나를 보며
한겨울 호호 두 손 불며 팽이 치던 그 날을 생각한다.

또 다른 눈

나는 창을 통해서만 당신을 만납니다.
반질반질 윤기 흐르는 머릿결
자존심 강하고 도도하게 치솟은 콧날
그리고 콧등에 살포시 찍혀있는 깨알만 한 점
있는 그대로 당신을 느끼게 해주는 것은
동전 남짓한 창을 통해서입니다.
쉴 새 없이 돌아가는 현기증 나는 일상
그 쉴 틈 없는 세상을 보는 단 하나의 창구가
세파에 찌들어, 번들거리므로 얼룩질 때
당신 자태를 가늠하기 위해 인상을 우그러뜨리고
혹시나 잘 보일까 자그마한 창을 들썩거립니다.

이영순

시인 · 수필가
한국문인협회 회원(서대문 지부 부회장)
국보문학 부회장
문예춘추 이사 (시인부락 동인)
한국인문학 이사
시 마을 동인/고문
국제 PEN클럽 회원
한국현대시인협회 회원
현대문학사조 회원
문화 예술 진흥회 (작가 상. 수필상. 문학대상)
2011년. 서울 스포츠 신문 (이노베이션 문학대상)
문예춘추 (세익스피어 문학대상)
한국문학 비평가 협회 (수필 작가 상)
시집1집.(민들레 홀씨 되어) 2집. (詩는 人蓮의 놀음)
수필집(李榮順 에세이)
공저: 사화집. 동인지. 계간지. 등 130여권 상재

똥파리

햇살이 황홀할 정도로 좋은 오후 거실 창문을 활짝 열어젖히고 맑은 공기를 마시려 하는데 갑자기 윙하는 괴음을 내는 똥파리 한 마리가 기다렸다는 듯이 잽싸게 거실로 초대하지도 않았는데 날아든다.

대문 밖 골목에 혹여 누가 또 강아지 똥이라도 놔놓고 갔나? 이느뭬 똥파리가 어디 있다가 날아 들어온단 말인가 하면서 난 반사적으로 똥파리를 쫓아버린다.

많은 파리들 중에서도 유독 똥파리는 더럽고 징그럽다 도대체 똥파리도 하나님의 작품인가? 하는 우스운 질문 속에 나는 오늘 갑자기 똥파리의 존재에 빠져든다 병균을 옮기고 더러운 곳만 찾아다니며 사는 넘 그 이름 똥파리~ 마음껏 날아다니는 자유로움이 있는 똥파리의 정체 속을 가만히 고민해 본다.

똥파리도 세상에 활개를 치고 살아갈 가치가 있나?

똥파리는 초대하지 않아도 멋대로 와서 똥을 싸고 제 맘대로 악취와 병균을 옮겨놓고 아주 대단하게 훨훨 날개를 펴 날아다닌다.

다른 파리들은 까만색이지만 똥파리의 날개 빛은 자세히 보면 은근히 화려한 색을 띄웠다 차라리 다른 파리 모양 그냥 까만색이었으면 하는 묘한 기분마저 든다.

약간 화려한 빛을 띤 날개 나쁜 생각마저 주는 반짝이는 날개를 보면 공연히 소름이 돋는다.

윙윙거리는 소리도 똥파리는 더욱 크게 질러 된다.

그 소리가 더욱 소름 끼치게 한다 파리채로 잡아 버릴까? 아냐 어떨 땐 너무 더러워 그냥 훨훨 쫓아 버린다.

너무 더러우면 죽이는 것 자체도 피하고 싶은 심정이다.

마음으론 싹 잡아 없애고 싶은 마음이지만 죽이지 못한 속상함 속에 상종하기 싫은 더러움과 곁을 주기 싫은 마음에 훌훌 날려 보낼 적이 더 많은 똥파리의 존재. 윙윙대는 소리만 들어도 싫은 똥파리,

그런 똥파리를 보면서 나는 사람과 사람 사이가 갑자기 생각난다. 어쩌면 사람도 똥파리만큼 더럽고 냄새나고 싫은 사람이 있다 남에게 늘 못된 짓만 하고 피해만 주고 억울하게 하고 손해만 끼치는 똥파리 같은 사람이 있지 않는가? 싶다 초대하지 않아도 와서 쉬울 쓸고 가는 똥파리처럼 부르지 않아도 남의 집에 몰래 와서 강도질과 도덕질과 또는 무서운 강간까지 서슴없이 하는 똥파리 같은 인간들이 있지 않는가?

목표도 방향도 똥파리 같은 철면피 같은 존재들 그런 인간들이 똥파리와 다를 바가 뭐 있겠나?

나는 어느 지인이 한 말이 생각난다 사람이 잘못을 하고도 남에게 덮어씌우고 또 늘 다른 사람들 앞에선 내숭을 떨고 뒤에서는 사람 뒤통수치는 못된 인간들을 볼 땐 화가 나도 가슴으로 삭일 때 이런 생각을 한단다.

눈이 껄끄럽고 마음이 토할 것 같아도 캐묻지 않음은 (화건 자초) 않으려 함이라 하는 말이 갑자기 생각난다.

그래 맞아 똥파리 같은 인간들의 행동에 우린 가끔 자즈러지도록 실망 속에 살아간다.

늘 향기를 주고 사람들에게 유익을 주는 나무와 들풀 들을 보라 저렇듯 좋은 일들만 하는 나무와 들꽃이련만 누가 옮겨 주지 않으면 절대로 혼자는 옮기지도 나르지도 못하는 나무들 늘 한자리에서 유유히 자기 자리들을 지키며 운명 인양 때가 되면 피고 지고하면서 그것들은 그래도 늘 사람에게 묵묵히 유익만을 준다.

그런데 똥파리는 마음껏 날 수 있고 옮겨 다닐 수 있는 존재가 아닌가?

분명 축복받은 존재 같은데 그 방자하고 못된 근성이 사람에게 눈살 찌푸리는 존재로만 살아가는 것을 생각하니, 사람도 장애인들이 나쁜 짓 하는 게 있던가?

사지 육신 멀쩡한 생각의 장애들이 늘 똥파리 같은 짓을 하고 사는 사람들이 있다는 것이 오늘따라 마음이 아프다. 오늘 어느 지인한테서 오랜만에 안부 전화가 왔다.

이런저런 안부와 근황을 얘기하다 얼마 전에 한 지인으로부터 상처받은 일이 생각 난다며 얘기를 한다.

전화를 한 지인의 말에 의하면 나를 보고 사람을 너무 믿기만해서 상처를 늘 받는단다. 그래서 늘 마음 아프고 내가 당하고 산다는 그의 우정 어린 위로의 말을 들으면서 나는 속으로 생각했다.

그 지인이야 다는 말을 안 할망정 옆에서 보니 내가 딱해서 해주는 말이라 생각이 된단다. 그래도 나는 조용히 나를 위로하는 지인에게 당하는 쪽이 낫지 않은가? 남을 아프게 하고 당하게 하는 사람이 뭬 나을 수 있나? 하면서 나를 생각 해주는 고마운 그에 말에 부드러운 대답은 했지만 나도 인간인지라 화가 치솟는 건 피할 수 없는 마음이다.

똥파리는 아니더라도 남에 가슴에 분노와 상한 마음을 주는 모자란 소인배들보다는 아프더라도 남을 해하지도 으메 하지도 않는 것이 훨씬 낫다고 생각하지만 그래도 가슴 한구석이 홍역처럼 아픈 기억은 사실이다.

한때는 믿고 사랑했던 사람인데 나를 그렇게 으메하고 골탕을 먹이다니 하는 억울함 속에 수많은 시간이 흘러도 가끔씩 바람처럼 아픔이 지나가는 건 사실이다.

그래도 다시 상기되는 속상함에 내 스스로 가슴을 위로한다. 조금 당한 게 낫지 않았나 적어도 당한 쪽은 크나큰

미움은 면할 것 아닌가? 똥파리의 근본처럼 근성이 나쁜 사람은 여간한 재간 같고는 먹혀들지 않는 법 차라리 따지지 않고 캐묻지 않는 (화건 자초) 않으려 한다는 말이 옳은 듯하는 마음에 나는 한동안 스스로 내 마음을 추스르는데 많은 시간이 소모된 적이 있다.

오늘 똥파리를 보면서 왜 갑자기 아픈 기억이 생각날까? 참 세상엔 많은 사람들도 모든 미물까지도 하나님은 계획 아래 지으셨겠지만 이해가 안 되는 존재들과 일들이 한두 가지가 아니라는 생각을 해본다.

길게 살아야 백 년도 못사는 사람들이 아무런 이득 없이 남을 해하고 더러운 짓을 일삼는 똥파리처럼 사는 인간들도 존재한다는 생각에 그 사람들은 하늘을 보면 무슨 생각을 할까? 저 아름다운 하늘을 볼 줄 알까? 그리고 자연 속에 나무들의 묵묵함과 참음을 볼 줄 알까?

꽃은 바람이 불 때 향기가 더하지만 사람은 마음의 진실을 보일 때 향내가 난다고 했다.

얼마 전에 내 마음을 아프게 한 그 사람도 오늘 안부 전화를 해준 그 사람도 다 한때는 내게 똑같은 지인이었는데...... 지금 내 가슴에서는 전혀 색깔이 틀린 사람으로 기록되어 있고 기억되니, 이것이 과연 내 마음도 옳지 않음인가? 나는 머리를 흔들어 다시 내 마음을 청소하고 곱게 옛날처럼 같은 지인으로 가슴에 적어놓고 싶은 마음이 든다.

그 지인의 마음에도 나와 같은 바람이 불면 좋겠다.

사람과 사람 사이 보이지 않는 관계의 가슴이 이렇듯 무섭고 어려울 수 있는 게 서글프다.

적어도 똥파리를 보면서 똥파리 같은 사람은 만나지 않았으면 하는 바램이다 ~세상살이가 만남도 이별도 마음대로 되는 게 하나도 없는듯하지만 나는 잠시 불청객인 똥파리를 보면서 묵직한 마음이 상기되어 가슴이 아프다.

휠휠 오늘도 파리채로 똥파리를 내 집에 못 오게 쫓으며, 상한 내 마음도 함께 쫓는다. 똥파리들아 제발 멀리 날아가서 다시는 우리 집에 오지 마라 내 눈에도 띄지 말고 아주 멀리 사라졌으면 좋겠다.

차라리 지구 상에 똥파리란 존재는 없었으면 더없이 좋겠지만 분명히 똥파리를 통해 우리가 배워야 할 무엇인가 있기에..... 아니 느껴야 할 무엇인가 있기에 세상에 똥파리도 존재하겠지.

멕시코 코스모스

가을에 피는 코스모스 꽃이 언제나 나는 좋다.

물론 국화꽃도 있고 과꽃도 있고 해바라기꽃도 있고 많은 꽃들이 있지만 나는 가을꽃으로 코스모스 꽃이 좋다.

누구나 가을꽃으로 코스모스 꽃을 다 좋아할 것이지만 유독 코스모스 꽃 중에도 멕시코 코스모스가 나는 늘 눈길이 가고 그 꽃만 보면 옛날의 추억 속으로 빠져든다.

그리고 그리운 가슴에 그리운 얼굴이 떠오른다.

언제나 그 꽃을 볼 때면 그 옛날 나를 몹시도 좋아하던 친구 생각이 나서 더욱 친근감이 가는 꽃이다.

그리고 그 꽃을 보고 있노라면 나를 그 옛날로 몰고 가는 영원히 잊지 못할 추억의 꽃이다.

그리고 가슴이 아려오는 아픔으로 늘 그 꽃을 볼 때면 그 친구가 지금도 보고 싶고 그리워 눈가가 남모르게 촉촉해진다. 어느 초가을인듯하다.

우린 가끔 맘이 맞는 좋은 친구였다. 가끔씩 만나 국수도 먹고 차도 마시면서 늘 만나면 시간 가는 줄 모르고 정겨운 얘기 속에 가끔 공원 벤츠에 앉아 도란도란 정겨운 시간을 가질 때면 옆에 피어있는 멕시코 코스모스가 정겹게 우리와 동무했다.

그 친구는 멕시코 코스모스를 한 송이 따서 손바닥 위에 올려놓고 정겨운 말로 나에게 하는 말 어이? 친구야? 이 꽃은 어쩌면 이렇게 자기를 닮았나? 한다.

나는 왜? 하필 가을 코스모스 꽃이 하늘하늘하고 예쁜데 조금 촌스러운 그 꽃이 나를 닮았냐고 하면서 물었다.

그 친구는 곳 대답을 주기를 이 꽃이 좀 촌스러운듯한 것도 매력이고 그보다 동그란 모양이 내 이름을 닮았고 촌스러운 모습도 내 모습을 약간 닮았단다.

그래서 난 별로 유쾌하지 않은 말로 내가 촌스럽단 말이야? 하고 되물으니 그 친구가 곧바로 꽃잎을 살짝 손 고락으로 비벼 내 코에 갖다 되는 게 아닌가?

그 순간 나는 그 꽃이 그리 싱그런 향기가 있는 줄은 정말 몰랐다.

예쁜 가을 코스모스보다 노란 주홍색의 멕시코 코스모스가 이렇게 더 향기가 있는 줄은 정말 몰랐다.

나는 코끝에 꽃향기로 도취되 한참 동안 황홀한 기분으로 와 정말 향기롭다 하니깐 그 친구는 내게 흠뻑 사랑스럽고 정겨움과 행복의 그윽한 눈으로 나를 보고하는 말 자기가 바로 이런 사람이야 이 꽃처럼 약간 촌스러운듯해도 짙은 향기가 있는 그런 친구라니 하질 않나 나는 그 소리가 영원히 잊지 못할 추억이 될 줄이야 그땐 그냥 듣기 싫지 않는 소리로만 알고 지나쳤는데 그 친구가 가버린 세월 속에 이렇듯 그리운 추억의 꽃이 될 줄이야 우린 세상에 부러울 게 없을 만큼 친하고 떠들어 되며 온종일 조잘대며 시간 가는 줄 모르게 행복한 적도 있었다.

그런 좋은 친구였는데 지금도 생각하면 늘 나에게 좋은 말로 용기를 주는 고운 마음의 친구였다.

그때도 그 꽃에 향기를 맡게 하면서 나를 비유해준 그 친구 얼마나 가슴이 따뜻한 사람이었나 생각이 난다.

그 친구는 원치 않는 병마로 그만 슬픈 이별을 했다. 그 친구가 떠나던 날 나는 한없이 울고 또 울었다.

세상을 모두 잃은 듯 너무 슬프고 너무 보고 싶었다. 석양이 지면 태양은 또다시 떠오르는데 나의 친구는 한번 가면 다시 오지 못하니 너무 슬펐다.

이별 없는 세상은 없을까? 그래도 유수 같은 세월 속에 슬픔도 그리움도 조금은 퇴색되어 살아가고 있지만 아직껏 나는 그렇게 정겨운 말을 해주는 결이 고운 친구를 보질 못했다.

수많은 친구들이 있지만 그리 예쁜 표현을 할 줄 아는 사람이 흔하질 않다.

간혹 친구라 하면서도 조금 잘되면 질투와 시기가 서린 비아냥이 난무하는 사람들도 적지 않는 세상 아닌가? 지금도 들녘에나 공원 언저리에 흐드러지게 피워있는 그 꽃을 볼 때면 어김없이 그 옛날 고운 말로 나를 사랑하던 그 친구가 몹시도 그리움으로 내 가슴이 적셔온다.

전에는 그 꽃의 이름도 나는 무엇인지 처음엔 몰랐다. 단지 향기 짙은 약간 촌스러운 코스모스 비슷한 꽃이라고만 알았다.

그런데 그 친구가 나를 닮았다는 사랑이 담긴 비유의 꽃이라고 말한 뒤부터 나는 꽃 이름을 알아냈다.

가끔 멕시코 코스모스를 헷갈려 덴마크 코스모스라 할 때면 어김없이 지적해 주면서 깔깔대고 웃으며 열심히 꽃 이름을 외웠다.

그때부터 나는 지금껏 그 꽃을 모르는 사람들한테는 자신 있게 그리고 열심히 꽃 이름을 알려준다. 가슴에선 남모르게 아픈 그리움을 삭이며 마치 꽃 이름을 많이 아는 사람처럼,,,,,,

RICE

이지연

1982년 대전 출생
2013년 현대문학사조 봄 호 신인상 수상 등단
상명대학교 사범대학 일어교육과 졸업
충남대학교 교육대학원 교육학 석사
現, 원광대학교 입학관리처 입학사정관

눈꽃

눈이 내리면
도도한 옷을 입은
순백의 육각형이
내 가슴에 피어난다

그리운 마음이
차가운 향기에 나풀거리고
매서운 바람이
하얀 꽃송이에 몰아친다

흩어지는 얼음조각에
눈물이 아롱거리고
부서진 꽃잎이
하이얀 상처를 새긴다

어머니

물컹물컹 따뜻한
당신의 하이얀 속살
가슴은 먹먹하고
눈시울이 뜨겁다

다가올 당신의 부재를
고심하게 되는 날
칼날 같은 고통이
심장에 내리꽂히니

찬바람 가시고
봄 햇살 비춰야
깊어가는 가슴앓이
탁하고 내려놓을 듯

노오란 봄은 올둥말둥
회색 겨울은 느적느적
꽃놀이 준비로 화할 당신
그립고도 그립다

人生論

세상에서 가장 높은 자
미래에서 현재를 즐기는
마음에서 잔잔함을 지닌 사람입니다.

그건, 바로 타락하지 않은 자
정신의 정직을 간직하고 있는
희망의 날갯짓을 펼치는 사람입니다.

빗소리

고즈넉한 분위기
굵은 빗방울이
내 마음을 흔들어 댄다

숨은 기억을 찾아
파란 음이 분주해지고
포장된 추억이 가슴을 친다

회색 구름에 떠밀려
이내 소리는 사라지니
사랑은 가볍고도 하찮다

결혼

12월 언약의 땅에
진한 향기가
몰아친다

가시버시는
서로 마주하며
속삭이고

둘이 하나 되어
오밀조밀
깊어진다

오롯이,
정다운 시간
주말이 기다려진다

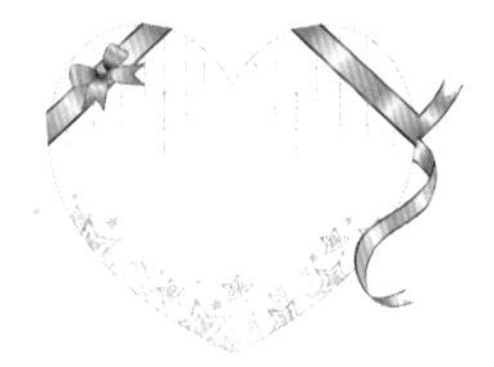

가림 이춘명

한국문인협회회원
2008. 9 한맥문학 시부문 등단
2011. 9 새한국문학 수필부문 등단

종착역

옥상 작은 텃밭
고추 모종은 행복하여
지지대에 기대어 바람이 와도 웃고
빗방울 마주 보며 이야기한다

비빌 언덕 없이 숨차게
여기까지 온 초라한 글 앞에
건넨다, 잘 왔어

두리번거리는 가슴에
가늘고 키 작은 잎사귀가
방랑의 맥박을 잡아주고 있다.

요가 시간

뼈마디에 부딪히는 소리마다
서른 명의 역사가 깔깔대며
눕거나 엎드려 오늘에 항복한다

껍질로 덮인 굴곡들이
바닥에 닿을 때 굳은살로 벌게지면서
묻지 않는 노동은 성질을 감춘다

스물네시간에서 나누어 놓는 자유
석관주민센터 4층 강당을 여는 내일은
부드러운 소리가 기름칠한다

단순하게 길들여진 뼈마디에
눈물이 어둠을 나설 때
흩어지는 얼굴들은 다시 뜨거워진다.

가는 곳 있다

기쁜 일을 잡고 풀어낼 누군가 없을 때
그림자 되어 앞을 막는 압박이 멍해지거나
닿는 얼굴마다 식도에 걸려 멈추어
모든 일을 용서하려고 그래야만 살 수 있을 때
가는 곳이 있다

길가에서 붙들며 전도할 때에 대답하며
가장 의지하는 가족이 가는 정동 길
낯설거나 두리번대지 않고 스스럼없이
구차함 비겁함과 검은 속내를 다 들어주는
육신의 세척기 심장의 청소기
생각의 체면기가 되는 정동교회
수요 정오에 들어있다.

구린내

2년이 되면 무기계약의
달콤함으로 시간외근무와
휴일을 늘 반납했다

23개월 강제 퇴사 명령
8일 날로 한 달 봉급을 자르고
개인적인 사유에
탐바꿈되는 팀원들의 침묵

성과금에 해당되지 않는 일수가
능구렁이 경력자 싸인 한 줄로
인턴에서 정규직이 되는 널뛰기

명절마다 명품 모피와 가방이
왕래하는 숫자만큼
8년을 기다리는 선배를 밟고
1년도 안 된 신입이 접장이 되는
책상 위에 퍼지는 소리 없는 썩은 내

가출

친구 집 장롱 밑받침으로 눌러져 있거나
다락방 박스 속에 호흡이 거칠어
이삿짐보다 먼저 대문에 나가는 책은
체하도록 택배로 쌓이는 표지와
달콤한 뛰쳐나온 낱말들이 잉크가 마르기 전
안국문화쉼터 책꽂이에 버려진다

왕복 차비 없이 손목이 시큰거리고
머리채 끌어 잡고 꽃다발 안고 웃었던
대표작이 컬러판으로 번쩍거려도
돌아오지 못한다는 당부를 잊지 않는다

상류층으로 가는 직선거리
삶의 장식물이 의자에 앉아있는
이들이 보는 앞에서 선뜻 집어가지 않는
한 시간 내내 서럽게 섞여놓고
뒤돌아보며 누군가 뒤적거릴 환상에
쭈뼛쭈뼛 계단을 더디게 오른다

이태호

시인, 수필가

생년월일 : 1950년 3월

2003년 월간수필문학 천료 당선

2004년 월간 문예사조 신인상 등단

한국문인협회 회원

수필문학작가회 회원

현대문학사조 회원

2004년 월간 '좋은 생각' 좋은 이야기대상

공저: 한국대표 명 산문선집 외 다수

현)안전행정부지정 만리포정보화마을 운영위원장

어머니의 살강

우리 집 헛간은 어머니, 당신이 감춰둔 또 하나의 가슴이었다. 일찍이 지아비를 잃은 청상과수의 희로애락을 마음 놓고 쏟아낼 수 있는 공간이었다. 또한, 역경을 이겨낼 수 있는 인내의 두레박이기도 했다. 그 공간을 내 생전에는 차마 부숴버릴 용기가 없다. 그곳은 나에게 또 하나의 마음에 거울이기 때문이다.

아직도 헛간 살강에는 어머니의 손때 묻은 물건들이 숨쉬고 있다. 그러니까 어머니의 숨결이 고스란히 배어 있다. 벽 중턱에 소나무 널판으로 매달아 놓은 살강에는 지나간 삶의 역사가 고스란히 앉아 있다. 복(福) 字가 선명한 하얀색 사기 밥사발이며 청잣빛 국 사발, 크고 작은 접시, 놋쇠그릇과 수저도 세월의 더께를 입고 과묵하게 앉아있다. 그런가 하면, 선친의 문방사우였던 벼루, 먹, 붓통도 가지런히 한자리를 차지하고 있다. 어디 그뿐인가 육 남매가 받아온 상장이거나 상패도 잘 정리되어 있다. 아마도 어머니 생전에는 그것들을 쓰다듬으면서 당신의 품을 떠난 남편과 아이들을 생각했으리라.

살강 옆 창문 쪽으로는 물푸레나무로 만든 기다란 막대기가 걸려 있다. 그곳에는 발아의 기회를 엿보고 있는, 오래된 종자 봉지들이 한약방의 약봉지처럼 매달려 있다. 봉지마다 그 안에 든 씨앗의 이름이 또박또박 쓰여 있었다. 그중 누런 봉투 두어 개에는 선친의 글씨도 있었다. 살강 밑으로는 거무스름한 녹(綠) 꽃이 쓸쓸한, 농기구들이 나란히 줄을 서서 주인의 부름을 기다리고 있다. 항상 땀 흘릴 준비가 되어 있다는 듯이.

생전의 어머니께서는 외로울 때나 일이 잘 풀리지 않으면, 으레 곳간 살강 밑에서 쪼그리고 앉으셨다. 콩 벌레처럼 둥글게 자신의 몸을 말고 무슨 생각을 그토록 골똘히 하시는지 한참을 계시다 나오셨다. 그러시다가 살강에 매어 둔 씨앗 봉지를 쓰다듬으시곤 하셨다. 아마도 봉투에 쓰인, 빛바랜 선친의 필체(筆體)에서 먼저 간 남편의 숨결이라도 느끼시려는지…….

그래서 그랬는지 나도 그 안에 들어서면 왠지 포근하게 감싸는 어떤 기운으로 편안함을 느낀다. 삶이 힘들 거나 형제간에 소원(疏遠)했던 일들도 그곳에 들어서면 모든 것이 조화로워지고 평심을 되찾을 수 있었다.

아직도 나는 지혜롭지 못한 면이 많다. 그럴 때마다 나는, 어머니처럼 헛간 살강 밑에 쪼그리고 앉아서 급하게 발전되는 온갖 시기와 질투, 미움 등의 악감정을 토닥이며 다스린다.

그러다 보면, 가장 원시적이면서 효율적인 삶의 지혜를 건지기도 한다.

가끔 동생들이 찾아오면 일부러 곳간으로 심부름을 시킨다. 그것은, 각박한 세상살이에서 대가 없이 베풀었던 어머니의 아름다운 희생정신을 느껴보았으면 하는 바람이어서이다. 그리하여 그 참사랑을 가족은 물론, 타인에게도 나눠줄 수 있는 마음이 생성되기를 희망했기 때문이다.

곳간을 다녀온 동생들이 느끼는 감정은 각기 달랐다. 막냇동생의 경우에는 "형님, 그곳에 들어갔더니 어머니의 냄새가 나는 것 같았어요. 우리 저 곳간을 가족 박물관으로 만들까요?" 내가 듣고 싶었던 말을 하는가 하면, 넷째 여동생은 그리워하는 표현이 오빠들과는 사뭇 달랐다. "큰오빠, 저것들을 왜 아직도 버리지 못하세요? 그곳에 들어갔다 나오면 어머니 생각으로 며칠간 몸살을 앓는단 말이어요."녀석은 눈시울을 붉히며 울먹였다. 어쩌면 남동생들보다 여동생의 표현은 더욱 애절한 것 같았다. 나는 그때마다 여동생의 등을 토닥거리며 그녀의 그리움을 쓰다듬어준다.

오늘도 나는 을씨년스런 화단을 정리하기 위하여 곳간에 들렀다. 자주 열어보지 않아서 그런지 노랗게 익은 햇살이 나를 제치고 먼저 들어와 어머니의 살강위에 앉는다. 햇빛에 비친 먼지들이 마치 투명한 불꽃처럼 아른거렸다. 빛의 사각지인 오른쪽 구석에 내가 찾는 호미 서너 개가 벽을 의지 삼아 나란히 걸려있었다. 녀석들도 어머니처럼 자신의 소임을 다했는지, 날이 뭉뚝하게 달아있었다.

나는, 호미에 피어 있는 검붉은 쇠 꽃을 바라보면서 어머니의 모습을 그려보았다. 어느 따스한 봄날이었다. 나긋나긋한 허리를 구부려 씀바귀를 캐시던 어머니의 슬픈 희망이 떠올랐기 때문이다.

내년 봄이면 집수리를 해야 한다. 더는 차일피일 미룰 수가 없는 현실이기 때문이다. 막냇동생의 말처럼 가족박물관을 만들어야 할까? 아니면 아내와 여동생의 말처럼 인제 그만 어머니를 보내드려야 하는지…….

나는 하루가 스러지는 시각에 어머니의 살강 밑에 앉아서 한 횡의 짧은 문장을 떠올려 보았다. '무너져 버린 뒤에도 그리움은 늘 슬픈 아름다움을 지니고 있다.'

세뱃돈 斷想

"이거 두 장 줄게 만 원만 주라 응?"

같은 해에 태어났지만 42일 먼저 세상 구경을 한 조카 'A'가 조카 'B'를 향하여 흥정하고 있었다. "싫어! 오천 원이라면 몰라도……."

'B' 역시 만만찮은 상대답게 값을 깎아내리고 있었다. 내가 들어도 덤핑(dumping)치고는 너무 과한 것 같았다.

흥정의 대상물은 세뱃돈을 대신으로 조카들에게 나누어 준 도서상품권이다. 빙 둘러앉아 상품권을 놓고 흥정하는 모습이 보기에 흉했다. 결국, 열두 장의 도서상품권은 조카 'B'가 모두 거두어들였다. 조카 중에서 가장 말수가 적은 녀석이다. 될성부른 나무는 떡잎부터 알아본다더니 녀석은 자라서 금융계에 진출할 것 같다고 긍정적으로 생각했다. 120,000원어치를 30,000원에 모두 사들였으니 앉은자리에서 90,000원을 벌은 셈이다. 얼른 생각하기에는 대단한 수완으로 볼 수 있지만 깊이 따져볼 일이다. 나는 녀석들의 흥정과 낙찰과정을 지켜보면서 쓸쓸하게 웃었다.

경매를 마친 다음 각자 세뱃돈을 셈하면서 불만을 토로했다.

"큰아버지가 제일 짜더라! 백화점 상품권도 아니고 이게 뭐야! 작년에도 그러시더니……."아이들은 헐값으로 넘긴 상품권들이 아쉬웠는지 이구동성으로 한마디씩 불평을 늘어놓았다. 하지만 상품권을 모두 사들인 조카 'B'만은 달랐다. 녀석은 사촌들 앞에서 이런 말을 했다. "큰아버지께서 도서상품권을 주시길 잘했어! 열두 장이면 평소 읽고 싶었던 책을 충분하게 살 수 있으니까."

녀석의 말을 들으면서 임자는 따로 있다는 말을 떠올려 보았다. 그렇다고 다른 조카들은 책을 싫어할 것이란 생각은 하지 않았다. 다만, 책에 관심이 있는 조카 'B'가 더 사랑스럽게 느껴졌다.

그랬다.

동생들이나 제수들의 세뱃돈과는 달랐다. 그들은 모두 현실적인 사람들이다. 나처럼 도서상품권이 아닌, 현찰로 아이들을 기쁘게 했다. 적게는 3만 원에서 크게 십만 원까지 그것도 빠닥빠닥한 새 돈으로 주었다. 나는 그들을 탓할 수 없었다. 다만, 조카들 말처럼 정말로 나는 옹졸하고 치사한 백부(伯父)인지 스스로 생각해 보았다.

'돈'

돈이면 귀신도 부를 수 있다고 했던가?

허허허, 세상 참!

이제 간신히 걸음마를 배우는 어린아이에게 만 원짜리를 쥐여 주니 신기하게도 언제 울었느냐는 듯이 방실방실 웃는다. 어디 그뿐인가 텔레비전 광고에서는 어렸을 때부터 돈에 관심을 보이던 아이는 커서 전셋돈도 빼내어 활용한다는, 기막힌 내용도 있다.

나는 옛 성인들의 말씀을 기억하고 있다. 돈에 대한 올바른 가치관에 대하여. 그러나 지혜로운 말씀도 돈의 위력 앞에서는 뒷전으로 밀려나는 것을 살아오면서 체험을 했다. 이러한 현상은 자본주의사회에서는 당연한 이치라고 말할 수 있다. 하지만 너도나도 돈만이 행복의 지름길이라고 생각하는 세태(世態)에는 유감이 아닐 수 없다.

되돌아보면, 나 역시 그런 날들이 있었다. 남들보다 더 크고 호화로운 행복을 차지하고 싶었던 그 시절 말이다. 그 때문에 건강을 해치면서까지 일터에서 새벽을 맞이한 날들이 얼마나 많았던가. 어디그뿐인가? 가면 갈수록 높아만

가던 목표를 위하여 옳지 못한 수단과 방법에 편승도 했었다. 돈만 있으면 모든 것을 해결할 수 있다는, 지극히 위험한 발상에서 비롯된 과오(過誤)였다. 내가 그것을 깨달을 수 있기까지는 감당하기 어려운, 숱한 대가를 치르고 난 후였으니 소 잃고 외양간을 고친 격이 아닐 수 없다. 결론적으로 돈이란 과학기술(Technology)처럼 문제를 해결할 수 있지만, 그 문제의 제기나 해결은 오래가지 못한다는 사실을 알 수 있었다.

나는 조카들을 어떤 형식으로라도 모아놓고 나의 경험 속에 녹아든 삶에 대한 철학을 심어주고 싶었다. 그것은 오로지 물질적인 힘과 영광만을 손에 넣기 위하여 파우스트的 계약을 맺고, 자신의 정체성을 쉽게 팔아넘겼던 나의 지난날이 아쉬웠기 때문이다.

조카들을 한자리에 불러 모았다. 그리고 조용한 어조로 '돈'과 얽힌 긍정과 부정적 이야기를 실례를 들어가면서 이야기해 주었다. 이야기 중에는 너무나 끔찍한 내용이라 스스로 섬뜩했다.

'돈' 돈이라면, 사랑하는 사람은 물론 피를 나눈 부모?형제도 죽이는 상황에까지 도달했다. 참으로 슬픈 현실이다.

청담 장윤숙

국립 한국방송통신대학교 국어국문학
한림대국제대학원수료 청각.보청기 연구중
노인대학강의(난청과 이명 보청기의 필요성)
보청기 난청센타 운영 (현)
독일지멘스 프리미엄 보청기
군포,산본점 대표(현)
청능사 (Audiologyst
홈페이지 : http://www.siemensgood.com
홈 페이지 www.지멘스굿.com

한국시사문단 등단
한국 문인협회정회원
현대시문학 / 현대문학사조 / 청시동인
시사문단 공로폐수상 / 황금찬시인 시비
북한강문학비사무국장 / 추진위원

동인지 : 현대시문학(봄바람으로오다 53)
월간시사문단(봄의손짓31) / 초동문학회(시.어울마당)
계간 한겨레문학 아람문학,계간 아시아 문예지
다음 인터넷 문학카페 초대 작가로(현)활동중

1월의 기도

신비로움으로 맞이하는 새벽의 부지런함처럼
열정으로 뜨겁게 떠오르는 찬란한 태양의 웅장함처럼
바다에 승선하는 아름다운 날들이여

새날 새 아침에 두 손 마주 잡게 하소서
순백의 마음에 품은 큰 뜻을
맑고 환한 신비로운 우주공간을 초월한
4차원의 영적 세계 마음 문이 열리는
광활한 하늘 창에 등불로 달아두게 하소서

새로운 한해를 맞이하여
마음은 설레고 풀어보지 않은 선물 기쁨에 들뜹니다
잿빛 하늘을 올려다보며
꽃가루 뿌리듯 눈이 금방이라도 펑펑 내릴 것 같은
뜨거운 열정으로 순백을 여는 참 좋은 날을 생각합니다

삶의 비전을 제시하는
야무진 한해를 속내 깊이 지성과 감성으로 물들
한해를 소망으로 가득 찰 내일을 생각하며
설레는 가슴에 용암 같은
붉은 해를 큰 가슴에 담아 품어 봅니다
잡은 손이 진정과 신령으로 해산하는 삶 이고자
눈물 심어 간절하게 기도하게 하소서

무언의 향기

인품과 지성이 넘치는 이곳에 오면
좋은 글과 아름다운 사람들 삶의 비전을 제시하는
향기가 넘쳐와
자리를 떠나지 못하겠다
네모난 창 속에 손과 눈으로 바라보는 사이버 공간이지만
보이지 않은 무언의 글 속에는 작은 외침
뜨거운 열정과 정열 용트림하는 힘이 있어
이유 없이 자꾸만 불러 앉게 한다
진정 보다 나은 미래의 멋진 살을 지향하는
비전을 꿈꾸는 자의 마음 자세란
부지런히 성실히 전진하고 노력하는 자만의 것이리라
카페를 돌아다녀 보면 문외한 부분에 있어
부끄러움의 미학이
절로고개를 숙이게 하고 부끄러운 자신을 돌아보게 하지만
남다른 꿈이 있기에 마음의 그릇을 작은 사발이 아닌
크고 넓은 사고의 그릇에 담아 뜻을 크게 펼쳐본다
글 속에 채찍과 당근 행함으로 이어지는 결과의 산출
요즘 세태는 두 가지를 병행해야 무엇인가 이루어지는
결과가 있지 않은가 조금 늦으면 어 떠 하리 도전은
진정성이 있고 신실하며 아름다운 것이기에
하늘도 파랗고 마음도 푸르니
새로움에 도약하고 도전하는 비행을 꿈꾸는
아름다운 공간에서

꽃이라는 이름 속으로

그대를 생각하면
쟈스민 향기가 전해옵니다
초롱한 눈망울이 숲의 새와 같이
어여쁘고 향기로우니

창공에 하얀 새털구름 머리에 이고
고매한 심성으로 다가오는 그대여
그대의 향취는 오뉴월에
피어나는 꽃의 향연보다
싱그럽습니다

진정 그대를 뉴월 장미에 비하리까
천 년의 향기를 품어 전한다는
저 머나먼 나라
이른 새벽녘 이슬만 먹고 피어난다는
발칸 반도의 푸른 장미를 생각했어요

여름도 웃고 그대도 웃네요
꽃보다 아름다운 그대여
하얀 손을 내밀어 초록 숲으로
그대의 푸르디푸른 안부를 묻어봅니다
여름날의 싱그러움 속에 미소하는 그대여
오랜 기악 속에 마주하고픈 얼굴
향기를 팔지 않는 환한 봄날의 매화
고매한 사랑입니다.

내가 바라는 그대는

늘 보이지 않는 곳 마음 가까이서
호흡하는 들숨 같은 이
늦은 가을이 가면
단풍 지고 바람불어
쓸쓸한 나뭇가지
훤히 드러나 보이는
잿빛 하늘을 머리에 이고
또 얼마나 혹한의 시간을
견디어야 하나
가지 사이로 하늘을 받혀 든 너는
나신의 모습으로 겨울나는
봄날의 기다림이라
헐벗은 나무처럼
서로 배려하는 삶 이고자
행복한 미소가 해바라기 하는 그대는
언제나 붉은 열정의 해가 뜨고 달이 지는 것처럼
내가 바라는 일상에서
변함없는 소나무
푸른 절개를 담았나 보다
하루 그 어느 시간을 지날지라도
한 계절을 품어 나르는
사공의 노래 일지라도
아름다운 넋은 여원을 향한
고적함으로 물들지라도
지는 노을은 정녕 아름다우리

사랑이 충만하면

풀꽃처럼 하늘을 머리에 이고
이웃에게 봉사하는
선한 마음을 간직한 마음속에는
무지개보다 더 아름다운
사랑의 강이 그의 안에 흐르고 있다

하늘 우러러 한 점 부끄럼 없는
삶을 살고자 우리는 날마다
청정한 마음가짐으로
이웃과 이웃에게 미소를 건네고
자연의 순응에 감사한 마음을 담아
날마다 삶이 풍성하여
축복의 복을 누리는 참다운
능력의 소유자가 되어야 한다

고운 말 한마디에 초록 풀 같은
신선함이 묻어나고 꿈이 자란다
고운 꽃향기처럼
입에서 입으로 절로
꽃향기를 전해주는 우리가 되자

좋은 마음가짐으로 바라본 세상은
온통 감사가 스며들고
사랑의 눈으로 바라본 세상은
겨울날의 하얀 눈처럼
축복으로 가득할 것이다.

雪峰 전무웅

Asia서석문학 시부분 수상
1993년 여성동아 4월호 수필 정치미스터리 외 다수 발표
Asia서석문학 현 이사
서석문맥 등단
2013년 시인 여름 백일장 은상 수상
2013년 Asia서석문학 작품상 수상
Asia서석문학 영남 지회 지회장
저서 : 시집 바람에 띄운 편지

소연(蕭然)

황혼(黃昏)은
지고---
살랑대던
바람도 잠든
오월의 마지막 봄밤

영롱(玲瓏)한
아치 불빛
은구슬 반짝이듯
여울지는 강변길

소연히
걸어보면
생각나는 그때 그 사람

그리움도
아쉬움도
추억 속에 멀어지는---

지혜(知慧)의 뿌리

過去를
現在에
뿌리 박지 마라

윗물이
구정물이면
정수해
먹으면 되잖아

過去는
過去일 뿐

큰 틀(big frame)로
삼는 것이
時代 人의 지혜 아닌가

꿈꾸는 연인

밤이
울고 있네
바람에 굴러가는
노~란 은행잎에

그리고
연인이 떠난 뒤
더욱 슬퍼 울었다
가슴속 눈물로

하늘에서
만나는 구름인양
행여나 만날까
꿈꾸며 울었다
밤마다

물(water)

나는
산 좋고 물 좋은
대한민국에
태어난 것이 자랑스럽다

저!
검은 대륙
아프리카를 봐라

이 땅에
소도 먹지 않는
발 닮기도 무서운 물도
못 먹어
갈증에 시달리는
사람들

지금 우린!
얼마나 좋은 나라에 살고 있나
한 방울의 물도 보존해
후손에게 남기는 것이
우리의 절실한 현실이
아닌가?

맘속에 작은집

아무도 없는
들길
혼자 걸어도
외롭지 않은

허망해 지면서
기다려지는

누군가 나를
기다릴 것 같은
그리움

한해가 지워지고
또, 한해가
다가오는 세월에도

그리움은
외로울 때 쉬다가는
마음속에 작은 집

전성권

도원 전성권
대한문학세계 시부문 등단
문예연구 수필부문 등단
전북문인협회
현대문학사조 회원
순수필 동인

마음은 몸짱

하릴없이 빈둥거렸는데도 왠지 피곤하다. 가끔은 팔이 저리다. 다리가 아려 베개 위에 발을 올리고 뒤척일 때도 있다. 몸과 마음. 이 둘은 본시 하나가 아닌가 보다. 앞서거니 뒤서거니 하더니만 이내 몸은 마음을 따라잡지 못하고 뒤처져 어기적거리고 있다. 나는 아직은 청춘이라고 외쳐보지만 몸이 내 나이를 극구 알려준다.

올 봄, 봄이 오는 소리가 소란한데 내 몸은 깊은 잠에 빠져들 것만 같다. 체력이 몇 계단씩 뚝뚝 떨어지는 것이 느껴진다. 몸이 허약해지니 정신 또한 덩달아 피폐해지는 것 같다. 도대체 만사에 의욕이 없다. 무기력한 나날을 보내게 되었다. 그러다가 문득, 모든 것을 잠시 접어두고 건강을 챙기자는 생각이 들었다. 어차피 여생 동안 일해야 할 운명, 이제까지 아들딸 키운 것 말고는 아무것도 이룬 게 없는 삶. 지금 건강을 잃으면 큰일이라는 생각이 들었다.

등산을 시작하려고 장비를 챙겼으나, 한번 멀어진 산을 다시 오르기란 쉽지 않았다. 새벽이나 밤에 달리기나 걷기를 해 볼까 생각했는데 새벽잠을 고칠 자신이 없었고, 퇴근 후에 다시 집에서 나온다는 것도 자신이 없었다. 그러다가 출퇴근 길 중간쯤에서 나풀거리는 커다란 현수막이 눈길을 사로잡더니 뇌리에 들어앉았다. 휘트니스센터(fitness center)-헬스장. 술자리 한번 값에 무려 3개월에 1.5개월이 덤이라는 유혹을 쉬 떨쳐낼 수가 없다. 이삼 일 핑계거리를 찾았지만 딱히 댈 만한 것이 없다.

처음 발 디딘 헬스장. 등산을 할 때는 사람들이 모두 산에 온 것 같았는데 헬스장에 오니 모두 그곳에 있는 것 같았다. 퇴근 시간 무렵이라 다들 낮에 일하고 피곤할 텐데. 접수대에 다가가지 못하고 로비에서 서성이며 운동하는 사람들을 하나둘 번갈아 보았다. 텔레비전에서나 볼 수 있었던 근육질의 남자 –사실 로봇 같은 느낌이 들었다.

날렵한 몸매의 백발이 성성한 노인, 작은 덩치에 배만 뾰족 나온 올챙이 중늙은이, 마룻바닥을 쿵쿵 울리며 걷고 있는 뚱뚱보 아줌마, 모두가 자신과 사투를 벌이고 있다. 누가 시킨다고 저리 열심히 할까. 그래, 몸이 시켰고 마음이 동했겠지.

엉덩이가 허리에 찰싹 달라붙은 중년여성이 내 앞을 지나가는 순간, 바로 앞 기구에서 온몸에 굵은 힘줄을 드러내며 근육을 키우던 반백의 아저씨가 내 시선을 잡아끌며 무언의 말을 던졌다.

"우리는 마음보다 몸이 더 젊어. 나이가 몇인데 피곤을 느껴. 올 휴가철에 웃통 내보이며 해변을 걷고 싶지 않아?"

등록을 하려고 접수대로 다가갔다. 그래 저 사람들도 하는데, 저 나이에도 몸을 가꾸느라 열심인데 나라고 못할게 뭐냐. 내 배를 내려다보았다. 나이만큼 적당히 나온 배, 미끈한 팔다리, 그간 정을 쌓은 것인지 싫지 않더니만 오늘따라 부끄럽다.

망설임 없이 접수하고 트레이너의 안내를 받았다. 트레이너는 살갑게 '아버님' 하며 센터에 온 목적이 무엇이냐고 물었다. 아버님 소리가 듣기 싫으니 삼촌이나 형님, 그 말이 거북하면 그냥 아저씨라고 부르라고 하는데도 내가 자기 아버지와 나이가 같다며 말끝마다 '아버님 아버님' 이라 불렀다. 그 바람에 엉겁결에 이 나이에 무슨 '몸짱, 근육짱' 이냐며 기초 체력을 다지고 싶다고 했다.

몇 가지를 시켜보더니만, 체력이 아주 약하단다. 당분간은 기초적인 운동만 하라고 했다. 스트레칭–자전거타기–

러닝-윗몸일으키기-스쿼트-러닝-자전거타기-스트레칭. 며칠은 트레이너가 정해준 횟수가 벅찼다. 종아리가 땅기고 허리와 배 근육이 아프고. 온몸이 쉬게 해달라고 안달복달이었다. 마룻바닥에서 발버둥을 쳤다. 오기가 치밀었다. 저녁 시간이면 오로지 운동만 생각했다. 그러기를 한 달. 체력이 금세 좋아질 리 만무하건만 정해진 횟수 이상을 단번에 할 수 있었다. 아령과 역기의 무게도 늘렸다. 나름대로 자신이 생겼는지 운동기구 옆을 서성이거나 옆 사람들이 하는 것을 따라 해보기도 했다. 매일 밤 허기를 견디며 근육을 태웠다.

눈이 마주치는 회원들도 생겼다. 기구에 매달려 용쓰고 있는 나를 지켜보는 어깨가 쩍 벌어진 동년배쯤 보이는 남자 회원, 운이 좋은 날은 같은 시간대에 그곳에 오는-아마, 나와 비슷한 때에 등록한 것 같은- 사람, 어쩌다 눈이라도 마주칠 때면 마음이 먼저 인사하고 철없이 요동을 치는 여인 등. 누군가 나를 쳐다보는 듯한 시선에 고개를 들면 어김없이 멀지 않은 곳에서 그 여인이 운동하고 있었다. 콩밭으로 달아나려는 마음을 누르면서도 그 여인이 보이지 않는 날에는 기구에 앉아 입구를 보는 시간이 많아졌다. 그곳을 나오면 금세 잊히는 사람이지만 그 여인을 보기 위해서도 빠지지 않고 운동하러 갔다.

두 달쯤 지났을까. 팔다리 근육이 조금은 붙은 것 같았고 가슴이 도톰해지는 것이 느껴졌다. 거울의 내가 제법 대견했다. 마음에 심었던 씨앗은 스멀스멀 어깨 쫙 펴고 해수욕장을 거닐겠노라는 생각으로 움트기 시작했다. 하루 이틀 날짜 가는 것이 즐거웠다. 운동 강도를 높였다. 그러나 운동 강도를 높인 지 채 며칠이 지나지 않아 몸살이 나고야 말았다. 헬스 몸살이 무섭다더니 뼈에 붙기 시작한 근육뿐 아니라 뼈마디까지도 떨어져 나가는 것 같았다.

며칠을 끙끙대다가 다시 운동을 시작할 즈음이었다. 어머니께서 급작스럽게 큰 수술을 받았다. 금세 퇴원하실 거라는 바람과 달리 어머니의 병원생활은 길어져만 갔다. 퇴근 후 병원에 들러 어머니를 뵙는 것이 일상이 되었다. 차츰 내 주변도 엉망이 되어갔다. 그래도 틈나는 대로 운동은 했다. 차 안에서도 집에서도 아령을 들고 스쿼트, 윗몸일으키기를 했다. 어머니께서 생사를 헤매시는데 자식 놈이 제 건강 챙긴답시고 운동한다는 것이 스스로 용납되지 않아서 운동하는 걸 가끔씩 빼먹기도 했다.

긴 병에 효자 없다더니 어머니의 병환 6개월 만에 내 생활이 차츰 제자리를 찾아가고 있는 것 같다. 내가 건강해야 부모님을 잘 모실 수 있다는 생각, 비록 당신은 병원에 있지만 자식이 아프기를 바라지는 않으실 거라는 생각이 살며시 고개를 들어 다시 운동을 계속하고는 있지만 여간해서 내가 꿈꾸는 근육질의 몸매는 만들어지지 않는다. 나는 아직도 마음만 몸짱이다.

빈자리

당신의 품, 사랑이 그리우면 언제든 달려가 뵐 수 있는데 당신의 빈자리가 너무 크다.

어머니께서 병환으로 입원하고 처음 맞은 명절, 추석. 동생네는 전과 과일을 준비하고 우리는 떡, 생선 나물 등을 준비하기로 했다. 일찍부터 송편을 주문하고, 생선을 샀다. 이윽고 명절 전날이었다.

나는 아버지께 조기도 큰 것으로 샀다며 자랑을 했다. 그러나 아버지께서는 오히려 화를 내셨다. 왜 다섯 마리냐며 한 마리를 더 사오라 했다.

“아버지, 이번에만 지내면 안 돼요?”

“알았다, 내가 사오마. 조상님들께서 조기 한 마리씩은 잡숴야지…….”라며 막 신발을 신으려고 하셨다.

“알았어요. 다녀올게요.”

달리 방도가 없었다. 과일이든 생선이든 제사상은 홀수만 올린다는 생각에 제사상에 세 마리, 성주 상에 한 마리, 여유로 한 마리까지 홀수로 맞춰 샀건만, 당황스러웠다.

집 앞 대형할인점에 갔다. 그곳에는 선물용 두름만 있지 낱마리는 팔지 않았다. 전통시장에나 가야 한 마리를 더 살 수 있을 것 같았다. 밤 여덟 시가 다 된 시간, 대목이라지만 진작 파장했을 것 같았다. 다급해졌다. 좀 더 둘러보고도 구하지 못하면 한 두름을 사야 할 것 같았다. 행여 하는 마음에 평소 생선 좌판이 종종 있던 도로 건너편으로 달려가 보았지만 역시나 썰렁했다. 과일가게만이 흐린 불빛을 깜빡일 뿐이었다. 불빛을 찾아 정신없이 줄달음질을 치다 고개를 들어보니 명절을 맞아 재개점한 듯한 중형상점이 나를 반겼다. 점원에게 조기 있느냐고 물었다. 다행히도 수산물 코너에서 떨이로 판매한다 했다. 아, 지성이면 감천이라더니.

가족 모두가 빈자리를 메우려고 안간힘을 쓴 덕에 추석 아침 집에 오신 어머니는 이제 안심하고 맡겨도 되겠다며 고요한 웃음을 지으셨다. 덤불로나마 그렁저렁 메운 당신의 빈자리.

당신의 빈자리는 그 후 채 한 달이 되지 않아 크게 드러나고야 말았다. 제삿날이었다. 식구들끼리 떡을 해 볼 생각이었으나 마음뿐, 전통시장 떡 골목을 찾아갔다. 시장 중앙 사거리에 떡집이 한둘 보였지만, 덜렁 한두 팩(Pack)만이 진열되어 있었다. 제사 지낼 건데 더 없냐고 하자 "우리도 이 떡으로 지내요. 얼마나 큰 제산데? 충분해요."라며 떡을 내밀었다.

적다는 내색을 하자 건너편 떡 골목으로 가보란다. 둘이 비켜가기에도 좁은 작은 골목에 들어서자 떡집이 오밀조밀 줄이어 있다. 다들 기다렸다는 듯 어서 오라, 떡 많다며 발길을 잡는다. 그러나 앙증맞게 낱개 포장된 떡 외에 어머니가 시루에서 막 쪄낸 푸짐하고 김이 솔솔 나는 그런 떡은 보이지 않았다. 아버지 어머니께서 낙심해서는 안 되는데. 머릿속이 복잡할 때 골목 끝에서 엉킨 실타래를 풀어 제치는 '탁' 하고 시루 엎는 소리가 났다. 정신이 번쩍 들었다. 팥을 송골송골 얹은 시루떡이었다. 기쁨을 억누를 수 없어 고개를 흔들며 생글거리자 떡집 주인은 좋은 일 있느냐고 했다. 모락모락 피어오르는 김을 보니 어머니가 생각난다고 하자 떡은 정성이 반이라고 장단을 맞췄다. 가운데를 네모반듯하게 잘라 포장을 해서 의기양양하게 집에 왔다.

아버지께서는 뭔 떡을 이리 많이 사 왔느냐 하면서도 역시 장남이구나 하는 믿음까지는 감추지 못하셨다. 그러나 보자기를 펴 보시더니만 "어허, 어서 다시 사와야 쓰것다." 라며 금세 얼굴이 굳어지셨다. 도무지 이유를 알 수 없었다.

그때 옆에 있던 아이 엄마가 귀엣말했다.

"잘못 사 왔어요."

"아니, 막 쪄낸 떡을 시루째 사왔는데?"라며 볼멘소리를 하자

"조상님들 다 쫓고서 무슨 제사지내냐."며 한심한 듯 지켜보시던 아버지께서는 버럭 화를 냈다.

아니, 조상님들을 쫓다니. 그래도 내가 장손인데. 멀리 재래시장 떡 골목까지 가서 푸짐하게 상에 올릴 생각으로 한 시루를 사왔건만 무슨 말씀이야. 그 순간 뇌리를 스치는 것이 있었다. 팥죽이 집들이할 때 잡신을 쫓는다던데 혹 팥떡도?……. 한겨울 돌담길을 걷다가 물벼락을 맞은 듯 그대로 얼어붙어 버렸다. 기어들어가는 소리로 엄마가 만드는 떡이 뭐냐고 하자 시금자떡이란다.

마음이 급해졌다. 떡 골목은 이미 파장 분위기였는데 이 시간에 어딜 가야 시금자떡을 살 수 있을지.

멀지 않은 아파트 입구 시장에 가면 있으려나. 비상등을 켜고 달렸다. 신호등이 왜 그리 많던지. 급해서 비상등 켜기는 아들 녀석이 세상에 나오려 할 때 이래 두 번째다. 다행히 떡집이 보였다. 그러나 내가 사려던 떡은 없었다. 주인장에게 물었다.

"여기 떡집이 또 있나요?"

"위로 올라가 봐요. 우리 집까지 네 집이 있어요. 근디 이 시간에 살 수 있으려나."

인사할 겨를도 없이 다른 집으로 달렸다. 다행히도 적당히 포장된, 제사상에서 본 떡 한 팩과 무지개떡 두 팩이 있었다. '심봤다! 심봤어.' 무지개떡도 제사상에 올린다는 말에 일단 계산부터 했다. 그제야 긴장이 풀려 주인께 사정

이야기를 했다.

“어머니가 병원에 계셔서 어쩔 수 없이 떡을 샀는데, 제사떡으로 팥떡 샀다고 아버지한테 되게 혼났네요. 이 나이에.”

“사실 어른들이 계시면……. 미안해요. 이것밖에 없어서. 끝 집으로 가 보세요. 늦게까지 떡이 있더라고요.”

아니나 다를까. 아직도 떡이 많았다. 원풀이라도 하듯 제사 가능한 떡은 떨이했다

주차장에 도착해서야 제정신이 들었다. 집안의 장손이랍시고 이제껏 가장 가까이에서 제사를 모셨지만 떡에는 크게 맘을 두지 않았었다. 제사상이라 하면 조율이시, 홍동백서요 어동육서라는 것만 앵무새처럼 외웠던 것이다. 떡은 그저 어머니께서 정성으로 마련하신 시루에 찐 떡만 기억하고 있었으니…….

큰 그늘이 불현듯 사라지면, 땡볕에서 서서히 고사하지나 않을지 걱정이 앞선다.

정창희

80년 ~ 泰和商運 株式會社 常務理事
한국 문인협회 회원
월간 모던포엠 시부문 신인 문학상
세계 모던포엠 작가회원
서울문학 동인, 全人문학회원
광화문 시인들 (사랑방 시낭송회) 상임 회원
사람과 문학 회원
현대문학사조 문학회부회장

공저
–水墨처럼 스며드는 그대의 향기
–광화문을 지키는 시인들 4회 외 다수
–수평적 번짐의 상상력
–흔적, 그 의미
–님이여 우리들 모두가 하나 되게 하소서(화남출판사)
(대한민국 제15대 대통령 김대중 추모시집)

상훈
07년 : 정부포상 (대통령. 산업포장) 수상
e–mail : jch2226@hanmail.net

세상에서 가장 아름다운 상

지금까지 지내오면서
부끄럽게 살진 않은 것 같다
상복이 있어서 상을 받은 것은 아니며
국가나 사회에 기여한 공로가 많아서
상을 받은 것도 아니다
다만 상이 있었다면 순수하게 지내온 생활이
내려준 상이 아닌가 싶다

학창시절에는 우수상은 아니지만
열심히 학교 다녔다고 개근상을 받았고
군대에서는 훈련받을 때
사격 잘했다고 특별 휴가 상을 받았다
회사에서는 성실하게 근무를 잘해서
모범상을 받으며 포상 휴가비까지 주었다
그리고 사회봉사활동에 기여했다고
시장 표창장과 부상으로 손목시계를 받았고
노사협력을 잘해서 장관상도 받았다
그리고 국가 최고의
대통령 산업 훈 포장을 받을 때는
가슴에 포장을 달아주었다
그리고 포상으로 부부가 해외여행을 다녀왔다
남이 보면 공적이
화려해서 상을 받은 것처럼 보이지만
이런 일은 누구나 다 하는 일이며
노동의 인과관계를 존중하고 배려하며

본연의 일에 전념한 공적이
베풀어준 상일 것이다
그래서 이 상은 부끄럽지 않은 상이다

오늘날 문학을 한답시고 글을 쓰는데
무슨 행사 때가 되면
문학상을 선정하여 발표를 한다.
이때마다 작품 수상원고청탁이 있었으나
아직은 수상을 받을만한 수준이 못되니
다음 기회로 사양했지만
작가라면 누구나 한 번쯤은
문학상을 받고 싶은 마음이기도 하다.

꼭 문학상이 그런 것은 아니지만
국가에서 주는 상도 공적과 작품 심사를
허위로 해서 상이 오고 가고 한다니
순수한 문학인으로서
마음이 아프고 부끄러운 것이다

이 세상에서 가장 아름다운 상을 받은 것은
우리 가족이 주는 상이다
무슨 행사가 있을 때면 가족이 모여서
이야기를 나누며 편지를 볼 때가 있다.
편지는 주로 애들이 써준 글인데
애들이 어렸을 때에 어버이날이다

상장을 만들어 편지를 써 부모에게 선물하였다
부모에게 주는 상장이다

-상장-
엄마 아빠께!
우리를 이렇게 키워주셔서
고맙습니다. 사랑합니다. 건강하세요.
감사하여 이 상장을 드립니다.
큰 아들 정재민. 둘 아들 정재윤

흔한 말 같지만 간결하면서 애들이 생각하는
속마음이 모두 그대로 담겨있어 마음이 뿌듯하다
속된 얘기로 요즘 미디어 스마트에서
간편하고 쉽게 볼 수 있는 글을
손편지로 부모에게 상 주는 것은 드문 일이다
순수하기가 그지없는 어린 마음의 표현에
감사하고, 고맙고, 행복하고, 또한 미안하다

아직은 때 묻지 않은 순수한 마음이니
이대로, 그대로, 이 마음처럼 커 갔으면 좋겠다.
아들이 준 상은 휴지 종이에 불과할지 모르지만
그 속에 들어있는 정성은
부모에게 가장 기쁘고 소중하고 행복을 주는
상이기에 더 아름다운 것이다.

목도리

올 겨울은 추워도
따뜻한 형이 있어서 춥지 않을 것 같다.

–형이 선물한 목도리를 맬 때가 가장 따뜻했다.

가을예찬

해가 뉘엿뉘엿 넘어갈 때
콩깍지 타는 냄새에
밥이 익는다.

어머니 등처럼 굽은
놋쇠 주걱은 닳고 닳아서
반달 눈 같이 애잔하고
아궁이 속에 부지깽이로
불꽃을 모아 뚝배기 우거짓국을
불 위에 놓으면
보글보글 끓은
곰삭은 젓갈 냄새가
이맛돌 속에서 솔솔 난다.

오늘은
이장네에 모조(耗條)주는 날
동네 일로 이집 저집을 다니며
고장 난 농기계를 고쳐주고
장날이면
이것저것 심부름이며
궂은일을 도맡아 챙겨주는 이장에게
모조 턱으로 마을 잔치할 때
꼭 막걸리 한잔을 드려야겠다

농번기 때는 서로 바빠서 얘기할
시간이 없었지만
오늘만큼은 오밀조밀 모여서
수다를 떨며 걷은 곡식에게 경배하고
곳간만 쳐다보아도
배가 부른 풍요로움에 모두
축배를 드려야겠다.

그래도 올해는 태풍이 없어서
풍년이 되었으니
아들딸들에게 이것저것을
보내주고 남은 것은
우리 할멈,
털 쉐타 한 벌을 사 줘야겠다.

또 곡식을 키워준 땅에게도
고마운 은혜를
신령님께 고사를 지내주고

노랗게 알이 꽉 찬 김장배추에
구수한 액젓을 넣어 다진 양념으로
골고루 버무리고 나면,

일 년 농사는
이렇게 따뜻한 품에 마무리가 되고
한 해가 가는 것이네.

벌초하는 아내

조상님의 얼굴은 참, 예쁘기도 하지
선홍빛 환한 백일홍 나무가 인숙원(仁淑苑)에
곱게 피었다.

오냐! 이제들 오느냐.
먼 길 오느라 고생하지는 않았느냐
아내는 제 조상도 아닌
조상 앞에서 열다섯 제단(祭壇)에 술을 따라놓고
절을 하며 벌초를 한다.
단지 남편의 아내로 있다는 것뿐
꼭 벌초를 해야 하는 의무는 아닐 것인데,
이 집에 맏이도 아닌 막내며느리로 들어와
조상의 대를 이어주고 전통을 지키는 아내가
어쩌면 제 운명인지도 모른다.
아내는 먼 윗대 조상부터 차례로
굉음소리 나는 예초기를 밀며 조상을 품은
잔디 풀을 깎는다.

"이게, 웬 놈의 소리 이여.
고놈 참! 시원하게도 긁어주는구나"

시아버지 시어머니는 아내를 안아준다.
이번에도 또, 애비어미가 왔구나.
생전모습처럼 저 멀리서 손사래 치며
"얘야! 힘이 든데, 이제 그만 하여라 ~
이만하면 되었다" 지금도 염려를 하신다.

그 곁에서 시숙님이 얼굴을 내밀며
"동녘 하늘에는 또 웬 고운 얼굴이 오셨나"
영가를 부르며 "太陽의 序幕"에서 잠들고 있다.

※인숙원(仁叔苑)은 공원묘지임.
"太陽의序幕"은 故 鄭喆熙 형님의 시비입니다.

봄 날

작은 씨앗 하나가
꽃망울이 터지던 날

세상에서
가장 예쁘고 아름다운 꽃이 피었구나.

긴 겨울잠에서 입덧하며 품은 씨앗
내 안에서도 너의 진통을 느끼며
싹을 품고 있었지

세상을 처음 보는
너의 초롱초롱 빛나는 눈을 마주 볼 때
너와 나는
가슴속에서 뜨거운 혈육이 흘렀지

아가야 온갖 꽃들이 모여 너를 안고
덩실덩실 춤을 추니
이 봄날이 경이롭구나.

※ 가장 존경하는 친구 유인선의 자녀(유준영.강태이)가 따뜻한 봄날,
이천십일 년 삼월 십일 날 예쁜 공주 탄생에 축시를 드립니다.

조태연

경기 평택 출생
경찰관/세계사이버대학 재학중
현대문학사조 수필 등단
현대문학사조 명예회장
2008년 4월 시 부문 등단(현대시선, 봄날 아침)
2009년 12월 수필 부문 등단(현대시선, 남도여행)
현대문학사조 无原 문학상 수상(불꺼진 창)

시집
여자의 속마음 등 7편 공저(해송문학)

내가 머무는 곳이

하나 둘 모여
큰길을 내 달린다
골목으로 달린다
산길로 들 길로 강둑으로
계곡을 지나 바다로
때로는 바람을 타고
하늘로 솟아오른다.
무엇이 보일까
하늘이 보일까
내 임도 보일까
나도 따라가고 싶다
어디든 바람 따라가고 싶다
가다가 머무는 곳이
나의 안식처가 되겠지.

초겨울 풍경

개구리 동면에 들었는가
메뚜기 땅속에 알 풀고 운명하니
된서리 푸른 잎은 장송곡을 부른다

벗겨 낸 자리는 칙칙하고
새 손님 무리 지어 모여들어
왁자지껄 알곡 찾기 경쟁하네

조석으로 들고 나던 발소리
새벽은 잠잠하고 자욱한 안개
뜰밖에 움 쿠린 고양이 털이 솟는다

오가는 사람들 몸이 부풀고
오르는 아침 해도 빛을 잃었나
차창에 하얀 소름 돋아 앞을 가린다

짓궂은 바람은 앙칼지게
낙엽 굴리며 말없이 가라 하니
구석진 양지에 숨죽여 몸을 숨긴다.

바보들의 합창

보고 있다
듣고 있다
말이 없을 뿐이다

보고 듣고
생각하고 있다
신을 속이기가 더 쉬울게다

하늘도 땅도
모두가 알고 있다
너만 모르고 설치고 있다

구름도 알고
바람도 알고
너희만 안 들리고 있다

태양도 알고
달도 알고
너만 어두운 암흑이다

지나는 개도 안다
염소가 웃는다
짖는 소리에는 똥이 약이다.

불청객 독감

호시탐탐
문 열기만을 기다리더니
잠시 한눈판 사이
치고 들어왔다
주인처럼 이곳저곳 누비고 다니며
콧물. 고열, 기침, 오한을 만들더이다

손님 맞았으니
대접을 해야겠기에
대롱에 맑은 차 대접하고
삼색 환으로 상 차려 환영하니
흠칫 놀라는 듯 시들 거리지만
이내 나가라고 떠나라고 등을 밀고 있다

내일에는
내일에는 떠나겠지
하루 세 번 다짐하고 다짐하며
심신을 가볍게 마음을 편안하게
다시는 오지 말라 일러주며
집 안 청소 깔끔하게 정돈하고 있다.

병상의 어머니

청춘이 지나간 지 얼마인가
팔십 세월 닳고 망가진 몸
뼈를 갉아 먹고 살을 베어 먹은
세월을 한탄할까
나타났다 사라짐도 우주의 진리거늘

병상 침대에 앉아
늙고 병든 몸을 추슬러 안간힘으로
끓어 숨길을 막는 가래와 싸우고
물기 마른 마디에 힘을 주지만
앗으락 소리에 비명만 메아리친다

허리 굽어 가누기 힘이 드는
사지를 부여잡고 흐른 세월 되뇌며
새바탱이 나루터 새우젓 기억뿐
몰아쉬는 숨을 원망하지만
나오는 것은 기다림의 한숨이다

이동식 의자 밀고 가는
아들. 딸. 손자. 며느리 눈가에 이슬 맺고
스러져 가는 어머니의 추억
보이는 거리만큼이나 가깝게
이별의 긴 손짓에 눈물이 고인다.

양상구

현대문학사조 발행인
도서출판 채운재 대표
한국문인협회 복지위원

공저
상처많은 풀이 향기롭다 외 10편

허영

소리가 들린다
자연은 깨어있으라 한다
세상은 내 것이다
부귀와 희로애락 속에 살다가
깊은 웅덩이 빠져 허우적거린다
욕심이 과하여 시기와 분쟁을 남겼고
상처를 주어 울며 떠나는 고통을
돌이켜보니 괴로움에 지쳐
슬픔을 안고 허영을 남겼다
자신보다 남을 낫게 여기면
겸손의 기쁨이 오는 것을
해가 저 산을 넘어가니
소리가 들리지 않는다

* 허영 (헛된 영예)

아내

새벽하늘 보지도 못하고
새벽종을 치는 부엌의 손길이 분주하군요
잠도 설치고 나와 아이들의 수발을 위해 반복되는 삶
하루의 시간을 등에 업고 오늘도 그 모습 그대로이군요
잔주름이 깊이 파인 얼굴 웃음 끼 없이 눈꺼풀이 처져 있고
뒤돌아서서 눈물 짓는 당신을 생각하니 마음 둘 곳이 없습니다
스치는 바람에 인연이 되어 우리 함께 한 시간도 수만 시간
비가 오나 눈이 오나 어려울 때 나만 보고 살아온 인생
이제는 당신을 위해 마음을 다하고 싶습니다
봄이면 산천에 꽃 필 때 당신에 손잡고 나비같이 헐 헐 날고
여름이면 계곡에서 당신의 발을 어루만지며 닦아주고 싶소
가을이면 당신이 좋아하는 바다가 횟집에서
광어랑 참돔이랑 먹고 바닷가 모래밭에 옛사랑 이름 새기고
겨울이면 펑펑 눈 내리는 산장에서 잠시 잊어버렸던 사랑을 합시다
이젠 당신을 지켜주기 위해 낮에는 구름이 되고 밤에는 별이 되어
당신이 가는 길 웃음과 행복의 길 인도하리라
마음 밭에 하나둘 쌓아두고 있던 당신의 사랑
밭에 씨를 뿌려 알곡으로 결실을 보고 행복하게 살아갑시다

친구

차가운 바람을 안고 달려온 아침
만남의 기쁨과 어린 시절 우정이 겨울을 녹인다
뻥 뚫린 고속도로 자동차는 새해를 안고 질주하고
새로운 날을 활짝 열어 자연에 품에 안겨보니
하얀 눈이 눈으로 들어와 그림을 그린다
친구들에 입담 웃음의 꽃으로 가득하다
남한강 물줄기 수많은 철새
산과 들에 나무들은 백색의 옷을 입으니
천사가 사는 세상에 온 것 같다
친구들의 덕담 한마디에 찌들었던 마음
우정의 불 속에 녹아 새 삶의 지표가 되니
나의 일 년 한해 지침서가 새겨진다
깊은 계곡 저수지 얼음을 깨고
낚싯대 가짜 미끼 물속에 넣으니
둥그런 구멍 안에서 은빛의 빙어가
주렁주렁 매달려 춤을 춘다
추위도 모르는 채 흥겹기만 하다
쓴 소주 한 잔에 빙어 고추장 발라 먹으니
지난 힘들었던 아픈 고통 모두 사라지고
술 한 잔의 따뜻한 사랑 가슴에 새기며
지칠 줄 모르는 친구의 우정을 가슴에 담는다

아침

어느 날은 화사한 꽃 마냥 웃고
향기를 품으며 다가와
먼 산의 푸름을 안아보고
어느 날은 어둠이 가시지 않은
짙은 회색 옷을 입고
우산 속에 얼굴을 감춘 채
마음을 움츠리고 왔다

가슴을 활짝 열어 놓은 세상
오늘도 어김없이 곁에 머물며
연인의 손길 같은 부드러움으로
어머니의 등같이 넓은 편안함으로
웃고 있는 파란 하늘 구름이
신선한 아침을 열고 있다

인연

어둠이 걷히고 아침 햇살이 찾아왔다
시간이 흐르니 봄은 어김없이
노란 개나리꽃 피웠고
벚꽃은 화사하게 웃고 있다
목련 꽃 백옥 같은 살결
가슴에 애정의 그림자 남긴다
산자락 물소리 키들거림이 들려온다
시간은 거짓이 없다
화사한 목련은 떨어져
넘쳐나는 슬픔만 가득하고
장미꽃의 핏빛은 내 오기의
밧줄이 되었다
기다림의 날갯짓 훨훨 날 수 있을까
휘청거리는 세월 밤 하늘의 별 처럼
무대를 꾸밀 수 있을까
세월은 머물러 있지 않고
동면으로 가는구나